Das neue Menschenbild

Heinrich Schwarz

Das neue Menschenbild

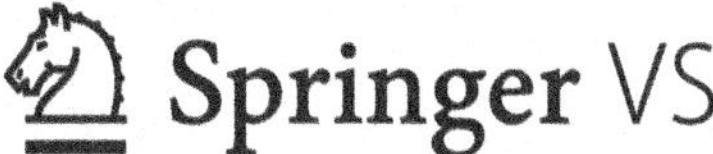

RESEARCH

Heinrich Schwarz
Ingolstadt, Deutschland

ISBN 978-3-531-19788-3 ISBN 978-3-531-19789-0 (eBook)
DOI 10.1007/978-3-531-19789-0

Die Deutsche Nationalbibliothek verzeichnet diese Publikation in der Deutschen Nationalbibliografie; detaillierte bibliografische Daten sind im Internet über http://dnb.d-nb.de abrufbar.

Springer VS

Gedruckt auf säurefreiem und chlorfrei gebleichtem Papier

Springer VS ist eine Marke von Springer DE. Springer DE ist Teil der Fachverlagsgruppe Springer Science+Business Media
www.springer-vs.de

Vorwort

Für den vorliegenden Ansatz des neuen Menschenbildes wird unser Bewusstsein völlig neu definiert. So erfahren Denken, Emotionen und die Art wie wir uns entscheiden und gegenüber unseren Mitmenschen handeln ganz neue Sichtweisen, die uns zu den Quellen der grossen Kulturen zurückführen.

Mein besonderer Dank gilt Frau Dorothee Koch und Herrn Jens Meisenheimer für die redaktionelle Begleitung, sowie meinem Sohn Christian für die formale Gestaltung.

Heinrich W. Schwarz

Inhaltsverzeichnis

Abkürzungsverzeichnis

i.R. ....innerer Raum
a.R ....äußerer Raum
i.Z. ....innere Zeit
a.Z. ....äußere Zeit
G-Feld...Gravitationsfeld
G-Einwirkung..Gravitationseinwirkung
VzR ....innerer Vorzugsraum

1. Das neue Bewusstsein als psychisches raumzeitliches Kontinuum

Wie verhält es sich aus heutiger Sicht mit der Annahme des philosophischen Nominalismus, der Mensch habe einen Verstand, der in der Lage wäre, unsere Sinneseindrücke zu Vorstellungen zu formen? Sinneserfahrungen als Rohmaterial für die Begriffsbildung also. Mehr noch, es entstand auf dieser Basis ein ganzes Kartenhaus von Begriffen, das einstürzen würde, sobald eine Karte herausgezogen wird. Anderseits glauben inzwischen viele, aus dem 'Bauch heraus' wird besser entschieden, als durch eben diesen Verstand. Und wie steht es um Antriebe, Emotionen, Erinnerungen? Erscheinungen, um die sich die Psychologie zu kümmern habe. Gibt es gar ein Gewissen? Und beeinflussen nicht soziale Bindungen das Verhalten mit? Hier meldet sich die Soziologie als zuständig. Fragen über Fragen, die jeden Einzelnen von uns betreffen, die aber von den drei genannten Disziplinen - einer jeden auf ihre Weise - beansprucht und bearbeitet werden. Das lässt wenig Übereinstimmung erahnen. So ist es wohl an der Zeit, das Ganze im Ansatz neu zu ordnen. Dazu kurz folgendes:

1.1. Einige unumgängliche Daten zu Reiz und Reaktion

Wie entsteht eine Vorstellung biologisch gesehen? Reize, welche die speziellen Sinnesorgane (Rezeptoren) anzusprechen vermögen, lösen an den afferenten Bahnen der sensorischen Erregungsleitungen eigenständige chemische Zustandsänderungen aus. Dabei bilden sich laufend zweiphasige Aktionsströme, die messbar sind.[1] Die Aktionsströme durchlaufen die Randschichten der Nervenfasern bis zum Rückenmark und werden von dort zum Gehirn weitergeleitet. Das Gehirn unterteilt sich in komplizierte 'Ebenen', die sich von unten nach oben auf das Rückenmark gliedern in:

---

1 vgl. Buddenbrock (1952), Bd.2, S.39ff

- verlängertes Mark (Medulla oblongata)
- Hinterhirn (Kleinhirn, Brücke)
- Mittelhirn (Mesencephalon)
- Zwischenhirn (Diencephalon)
- Endhirn (Telencephalon)

Die speziellen Gehirnzentren bestehen zusammengefasst aus Milliarden von Nervenzellen, die über die Reizleitungen angesprochen und gespeichert werden. Die Beantwortungen (Reaktionen) auf die Reize gehen von den Gehirnzentren über die motorischen Leitungsbahnen durch das Rückenmark an die Endorgane (Effektoren). Da die afferenten mit den efferenten Nervenbahnen im Rückenmark in gesetzmässiger Weise verbunden sind, können Reaktionen bereits in den betreffenden Segmenten des Rückenmarks direkt ausgelöst werden, ohne das Gehirn zu belasten.[2]

1.2. Die Vorstellungen unterliegen dem psychischen Geschehen

Gedankenexperiment I: Denken wir ein normal veranlagtes Kind vor dem Einsetzen der Rezeptoren- und Effektorenfunktionen in einem Vakuum. Denken wir seine Lebensfähigkeit ohne äusseren und inneren Stoffwechsel (Essen, Trinken, Ausscheidungen und Drüsenfunktionen). Abstrahieren wir noch die Wahrnehmung des eigenen Körpers, so muss das physiologisch bedeuten, ein lebensfähiges Gehirn sei in ein absolutes Nichts ausgesetzt. Keines der normal angelegten Sinnesorgane wird angesprochen, zu den Gehirnzentren gelangen keine Impulse. Nicht eines der Milliarden Neuronen dieses menschlichen Gehirns könnte angesprochen werden. Das Gehirn bliebe völliges Brachland, gleich, wie lange der Mensch lebend gedacht bleibt. Psychologisch muss das bedeuten, es kann keine Vorstellung gebildet werden. Antriebe, ob in ihrer Spezialisierung oder als freie Energiebeträge sind nicht möglich. Keine Erinnerungen können gebildet werden. Die Annahme von Vor-Erinnerungen oder einem archaischen Wissen entbehrte jeder Bestätigung. Der Mensch würde ganz einfach nichts wissen, seine Psyche wäre von vornherein tot. Das bliebe sich gleich durch alle Jahre, die der Mensch am Leben gedacht bleibt. Setzen wir das Gedankenexperiment fort und denken dem Kind im Alter von 10 Jahren eine Holzkugel zuge-

[2] vgl. Buddenbrock (1952), Bd.2, S.342 ff
vgl. Schwarz (2000), S.7 ff und (2007), S.9 ff

teilt, 20 cm im Durchmesser und mit konstanter Temperatur von 27° Celsius. Die Holzkugel sei damit als die erste und einzige Vorstellung gedacht (zur Bildung der Vorstellungen vgl. Schwarz, 2007, S.47 ff), die das Kind bilden kann. Die Kugel existiert als einziger Körper im Vakuum ohne Bezug auf mindestens einen zweiten Körper. Es fehlt dem Kind jede physikalische Relation, ein Messen der Kugel ist unmöglich. Zugleich existiert die Kugel als einzige Vorstellung des Kindes, die ohne Bezug auf mindestens eine zweite Vorstellung psychisch nicht zu 'messen' ist. Dieser einzigen Vorstellung fehlt jede psychische Bewertung. Das bedeutet:

Es gibt keine Instanz der psychischen Bewertung, ebenso wie es keine psychische Bewertung gibt, die als inhaltlicher Bestandteil einer Vorstellung an sich gelten kann.

Die Holzkugel kann auch nicht analytisch beurteilt werden, und weder das Merkmal der Ausdehnung, noch die Folgerung auf andere, nicht gegebene Körper oder gar, dass alle Körper ausgedehnt seien, wäre dem gedachten Gehirn möglich. Ferner sind synthetische Urteile nicht möglich. Ob die Kugel warm oder aus weichem Material oder schwer ist, wäre von dem Gehirn nicht zu beurteilen, selbst wenn wir eine Reihe von Sinneserfahrungen an der Kugel dazudenken würden.

Das Gehirn könnte auch nicht das einfachste arithmetische Urteil bilden, nämlich dass eine Kugel und eine Kugel zwei Kugeln sind. Dem Gehirn wäre nur dieses 'Etwas' gegeben, das wir als Beobachter als Kugel kennen. Auch eine andere als die unmittelbare Linie, wie sie aus der Sinnesaufnahme durch das Auge besteht, ist dem Gehirn nicht denkbar. Dass dies der 'kürzeste' Weg ist, wüsste das Gehirn nicht zu beurteilen.

Dass und warum das Quantum der Materie scheinbar unveränderlich ist, davon hätte das Gehirn keine Kenntnis. Und wenn scheinbar alles, was mit der stationären Kugel geschieht, seine Ursache habe, kann das Gehirn nur aus zugedachten Erfahrungen an der Kugel notieren.[3] Und es wären lange Erfahrungsreihen erforderlich, sollte das Gehirn daraus letztlich auf eine Notwendigkeit von Ursache und Wirkung an der stationären Kugel folgern. Denken wir dem Gehirn Sinneserfahrungen wie 'Wegstossen' oder 'Heranholen' genommen und diese nur auf den Augensinn beschränkt, so kann das Gehirn dem von aussen kommenden Eindruck nichts an Erkenntnis hinzufügen. Die Notwendigkeit des Anstosses für die stationäre Lageveränderung der Kugel wäre dem Gehirn nicht erkennbar. Weder vergleichsweise noch strenge Allgemeinheit kann das Gehirn an der

[3] vgl. Deussen (1894), Bd.2, S.207 f

Holzkugel erkennen.[4] [5] Das bedeutet:

Es gibt im menschlichen Gehirn nichts, das es vor aller Erfahrung als notwendigerweise so, und nicht anders, erkennen und beurteilen kann. Weder existieren a priori Ideen, die aus der Erinnerung zu Allgemeinbegriffen führen, noch a priori Formen, in welchen Sinneserfahrungen schliesslich zu Allgemeinbegriffen werden. Mehr noch gibt es keinen Verstand, der die Sinneseindrücke quasi als Rohstoff bewerten und beurteilen kann, um diese zu Vorstellungen entsprechend der Bandbreite menschlicher Sinneswahrnehmungen zu formen. Ganz zu schweigen von einem Verstand, dem a priori irgendwelche Urteilsformen (Kategorien) innewohnen und der a priori in der Lage wäre, eine einzige Vorstellung zu beurteilen oder gar deren Bedeutung abzuschätzen. Auf eine einzige Vorstellung gestellt, können keine Begriffe höherer oder strenger Allgemeinheit gebildet, keine Beweise und Schlussfolgerungen getroffen werden. Ganz zu schweigen von einer 'Wesensschau' aus einer einzigen gegebenen Vorstellung heraus oder gar einem 'Reich der Logik', das an sich im menschlichen Gehirn nicht auszumachen ist.

Fahren wir mit dem Gedankenexperiment fort: Denken wir dem Kind zu der Holzkugel einen Eisenwürfel zugeteilt, von 10 cm Seitenlänge und konstanter Temperatur von -1° Celsius. In dem Augenblick geschieht etwas Grundsätzliches. Sowohl physikalisch als auch psychisch haben wir damit dem Kind das einfachste Bezugssystem gegeben. Einmal kann das Kind die physikalischen Körpereigenschaften erkennen: der Eisenwürfel wird als kleiner, kälter, härter und schwerer erkannt gegenüber der Holzkugel, die es als grösser, wärmer, weicher und leichter erkennt. Ferner, in dem Augenblick, da der Vorstellung 'Holzkugel' die Vorstellung 'Eisenwürfel' gegenübersteht, treten beide Vorstellungen in gegenseitigen Bezug und unterliegen der psychischen Bewertung. Ja, das Kind wird in diese einfachste Relation von Vorstellungen hineingezwungen durch die blosse Tatsache, dass ihm zwei unterschiedliche Vorstellungen gegeben sind. So wird von dem Kind die 'Holzkugel' als gefügiger, angenehmer und stärker erlebt in Bezug auf die Vorstellung 'Eisenwürfel', die als starrer, unangenehmer und schwächer erlebt wird. Daraus folgt:

Eine Vorstellung unterliegt der psychischen Bewertung erst aus dem Bezug zu mindestens einer zweiten Vorstellung. Sind mindestens zwei Vorstellungen gegeben, müssen deren psychische Bewertungen, entsprechend Vorgesagtem, als inhaltliche Bestandteile aus dem gegenseitigen Bezug heraus gelten. Grund-

---

4 vgl. Deussen (1894), Bd.2, S.219 - 232

5 vgl. Störig (1952), S.143 ff

sätzlich ergibt sich, die Vorstellungen sind total abhängig von den sinnlich wahrnehmbaren Erscheinungen der physikalisch-chemischen Energieformen.

Durch diese einfachste Relation der beiden Körper und der Erfahrung damit erhält das Kind aber auch zwingend Denkanstösse. So erfährt es, dass sich beide Gegenstände bewegen lassen, wenn auch unterschiedlich, entsprechend der körperlichen Kräfte des Kindes an den beiden stationären Körpern. Trennende und verbindende gemeinsame Merkmale an den Körpern führen zwingend zu ersten Notierungen eines Gattungsbegriffes. Grösse, Beschaffenheit und Lagen werden erkannt und führen durch dieses einfachste Bezugssystem zu Ansätzen von Grundbegriffen. Die ersten einfachsten Urteile ergeben sich zwangsläufig aus diesem Bezugssystem, z.B. dieser Gegenstand ist schwer, der andere Gegenstand ist nicht schwer. Die einfachsten schlüssigen Beweise drängen sich dem Kind auf, z.B. der Eisenwürfel ist schwerer als die Holzkugel; wenn ich den leichten Gegenstand hebe, kann dieser nicht der Eisenwürfel sein. Das bedeutet:

Sind mindestens zwei Vorstellungen gegeben, entstehen die Erkenntnisse darüber ohne Zuschaltung des angenommenen konventionellen Verstandes und unmittelbar aus den Erfahrungen mit diesem einfachsten Bezugssystem von Vorstellungen. Die Erkenntnisse sind dann funktional an das gegebene Bezugssystem von Vorstellungen gebunden. Ebenso sind die Erkenntnisse funktional abhängig von den möglichen Vorstellungen, wie sie die sinnlich wahrnehmbaren Erscheinungen der physikalisch-chemischen Energieformen zulassen.[6]

Dazu die unmittelbare Aussage von Lao Tse, "...Wahrlich: Sein und Nichtsein entspringen einander; Schwer und Leicht bedingen einander; Lang und Kurz vermessen einander; Hoch und Tief erzwingen einander."[7]

1.2.1. Die psychischen Dimensionen

Müssen die Bewertungen als inhaltliche Bestandteile der Vorstellungen aus deren Bezug gelten, so muss ein möglichst knapper Schnitt durch die Reihe der zu bewertenden Wörter (Adjektive) gefunden werden, um die Dimensionen der Vorstellungen zu erhalten. Dieser Schnitt ist gegeben. C.E. Osgood und Z. Luria[8] brachten in dem Semantischen Differential die ganze Reihe der polaren Eigenschaftswörter auf die drei Ebenen:

---

6 vgl. Schwarz (2007), S.36 ff

7 vgl. Lao Tse (1964), S.28

8 vgl. Osgood und Luria (1954), S.579-591

aktiv – passiv
positiv – negativ
stark – schwach

Damit sind die gesamten Eigenschaftswörter unserer Sprache auf diese drei grossen polaren Gruppen zurückgeführt. Ein seltsamer Zufall. Diese drei Polaritäten müssen als inhaltliche Bestandteile der Vorstellung angesehen werden und sind damit die drei psychischen Dimensionen der Vorstellungen.

Ferner bedingen die drei psychischen Dimensionen ein psychisches Volumen der Vorstellungen. Die Einheit von Vorstellungen und psychischen Volumen ist als innerer Raum (i.R.) bezeichnet.

Aus der totalen Abhängigkeit der i.R. von den sinnlich wahrnehmbaren Erscheinungen der physikalisch-chemischen Energieformen sind letztere als äussere Räume (a.R.) bezeichnet. Die i.R. sind als psychische Gegenräume zu den a.R. ebenso zu denken wie für ideelle Begriffe.

Stehen mindestens zwei innere Räume in Bezug, so ergibt sich als der Schauplatz ihres Bezuges der psychische Raum (Werteraum), entsprechend den Dimensionen: aktiv – passiv; positiv – negativ; stark – schwach

Der psychische Raum ist ebenso wie der physikalische Raum in den Dimensionen Länge, Breite, Höhe, nicht absolut. Ohne den Bezug von inneren Räumen kann ein psychischer Raum nicht existieren.

1.2.2. Die Entwicklung der inneren Räume

Der Lernprozess[9] des Kindes von ½ bis 2½ Jahren soll an dieser Stelle nicht belasten. Die inneren Räume bilden sich nicht wie in Gedankenexperiment I angenommen spontan, das läge nicht in der Natur der menschlichen Sinnesorgane. Als Ergebnis der Untersuchungen darüber kann genannt werden: etwa mit 2 ½ Jahren ist dem Menschen ein erster Gesamtbezug von inneren Räumen gegeben, welcher die geläufigen Umweltfaktoren umfasst. Dabei kommt es zu regelrechten Clusterbildungen von Einzelvorstellungen, die sich zu übergeordneten Begriffen zusammenschliessen. Beispielsweise kommt es zu dem Cluster i.R. 'Wohnung' mit den vielen darin vorkommenden Einzelvorstellungen.

Ist dieser Gesamtbezug gegeben, gelten für das Bezugssystem voll die Gesetze der Aktionen. Die Aktionen zerfallen in äussere Aktionen, das sind körperli-

---

[9] vgl. Schwarz (2000), S.21 ff

che Aktionen, die direkt ihren Niederschlag im kortikalen Niveau finden und innere Aktionen, dies sind gedachte Aktionen, die aus den Erfahrungen der körperlichen Aktionen möglich sind. Sie nehmen körperliche Aktionen vorweg oder lassen sie nicht zur Ausführung kommen. In zunehmenden Masse spielen sie sich in Zeiten ab, in denen die körperlichen Aktionen das kortikale Niveau nicht mehr belasten. Die körperlichen Aktionen sind dann Erfahrungsaktionen.

Zu definieren bleibt in diesem Zusammenhang die Situation, sie ist die kürzeste zusammenhängende Herausforderung der menschlichen Psyche aus einer inneren oder äusseren Aktion bzw. der Aktion eines Umweltfaktors.

Zu den Veränderungen der inneren Räume in Dimensionen, Lage (Bewegungen) im psychischen Raum sollen die 3. und 4. Situation des Falles cII der theoretischen Abhandlung gezeigt werden.[10]

Situation 3: der Vater hat eine Zurechtweisung für das Kind, weil es den Ball beschädigt hat , siehe Bild 1.

Situation 4: das Kind trotzt dem Vater, der droht, es in den Laufstall zu sperren, siehe Bild 2. Zu beachten ist, dass der i.R. 'Ich' als Eigenwert des Kindes zu verstehen ist.

1.2.3. Die innere Zeit

An den Bildern 1 und 2 werden die Veränderungen der 5 inneren Räume durch die Aktionen gezeigt. Die Veränderungen bedingen Bewegungen der 5 inneren Räume in dem psychischen Werteraum. Die Erscheinung, die aus den Bewegungen der inneren Räume erwächst ist die psychische Zeit.

Wie durch die Bewegungsabläufe von physikalischen Körpern gegeneinander ein äusserer Ereignisablauf (Zeit) entsteht, so haben wir es bei den Bewegungsabläufen der inneren Räume mit einem inneren Ereignisablauf (Zeit) zu tun. Psychische Ereignisse nennen wir Erlebnisse. Das bedeutet, die Erlebniszeit (= die psychische oder innere Zeit (= i.Z.)) stellt durch die psychischen Dimensionen bedingt einen völlig anderen Zeitcharakter dar (= Wertezeit) als die physikalische Zeit, die im Folgenden als äussere Zeit (= a.Z.) bezeichnet ist.

[10] vgl. Schwarz (2004), S.6 ff und (2000), S.31 ff

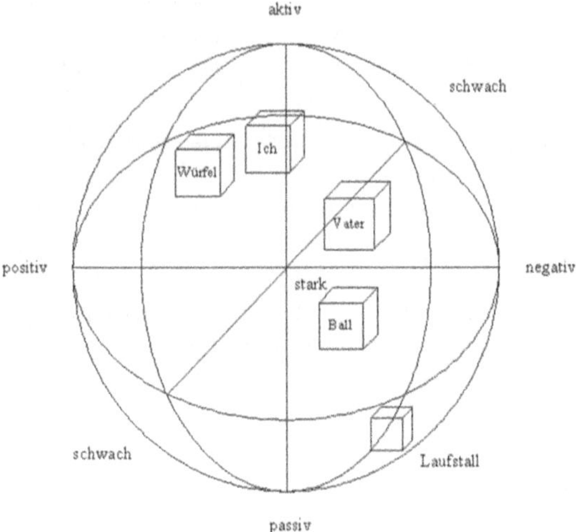

Bild 1: situationsbedingte Veränderungen von inneren Räumen im Werteraum

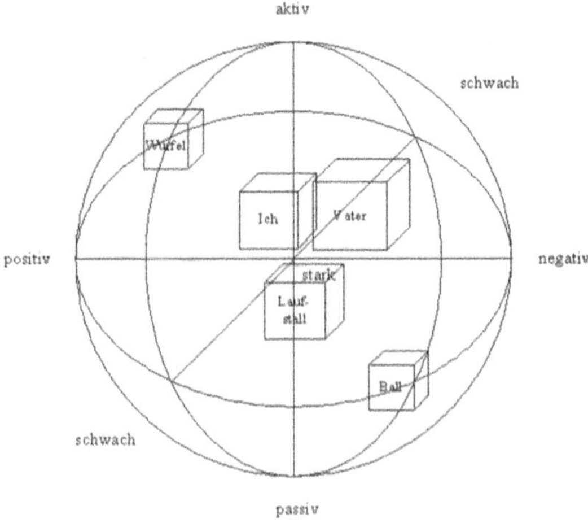

Bild 2: situationsbedingte Veränderungen von inneren Räumen im Werteraum

Die psychische Zeit steht somit dem Ereignisablauf der physikalischen Zeit gegenüber und ist eine subjektive Zeit, die jedem Menschen aus seinen besonderen i.R.- Bewegungsabläufen erwächst. Einzig die Gleichheit der Sinneswahrnehmungen und damit die inhaltliche Gleichartigkeit der inneren Räume lässt uns annehmen, dass zwar die Eigenart der Erlebnisabläufe für alle Menschen gleich ist, nicht aber die inneren Zeitwerte.

Die inneren Räume verändern von Situation zu Situation Dimensionen und Lage im psychischen Raum. Eine psychische Uhr würde nur von Augenblick zu Augenblick stimmen. Schnittpunkte von äusserer und innerer Zeit sind einzig die Aktionen. Durch sie ist die innere Zeit in den Zeitablauf der physikalischen Körper direkt verflochten. Ebenso wie in Punkt 1.2.1. eine totale Abhängigkeit von inneren Räumen zu den äusseren Räumen festgestellt wurde, besteht durch die Aktionen eine totale Abhängigkeit von innerer Zeit zur äusseren Zeit. In ihrer Eigenart als Wertezeit kann die innere Zeit aber nicht durch die physikalische Zeit gemessen werden. Der direkte Beweis für die totale Abhängigkeit beider Zeitarten muss sich aus der Raumfahrt ergeben. In dem Augenblick, da sich mit nahezu Lichtgeschwindigkeit eines Raumschiffes die physikalische Zeit und damit die physiologischen Zustände (Herzuhr) der Raumfahrer proportional verschieben, müssen sich die Aktionen der Raumpiloten verändern. Die Aktionen müssen auch in diesem Fall beide Zeitarten 'vermitteln' und bleiben Schnittpunkte einer wirklichen Verschiebung der äusseren und inneren Zeit. Der Mensch steht durch sein blosses Vorhandensein in der 'Mitte'.

Die Bewegungsabläufe der inneren Räume im psychischen Raum müssen als sehr kompliziert angenommen werden. Da die Darstellung der Schemabilder dreidimensional ist, muss die Heftigkeit der Erlebnisse in der inneren Raumdehnung selbst abgelesen werden.

Grundsätzlich ist festzustellen, es bestehen zwischen den inneren Räumen Beziehungen. Die i.R. scheinen so sehr miteinander 'verflochten', dass die Bewegungen eines i.R. die inneren Räume zu Bewegungen veranlasst, die mit der einzelnen Situation zu tun haben. Das scheint soweit zu gehen, dass Bewegungen, die sich mit der jeweiligen Lage des i.R. 'Ich' nicht vereinbaren, ernsthafte Störungen auslösen.

1.3. Kinetische Energiebeträge werden zu spezialisierten Antrieben

In den Punkten 1.1. bis 1.2. wurde die Entwicklung der inneren Räume mit den nötigsten Daten über die Kopplung von Reiz/Reaktion und dem psychischen Geschehen dargestellt. Wir wissen, die physiologische Anlage des Menschen kann der psychischen Anlage voll entsprechen und umgekehrt.

Gedankenexperiment II: denken wir einen nun 20 jährigen Menschen vor Einsetzen der Rezeptoren- und Effektorenfunktionen in ein unendlich grosses Vakuum ausgesetzt. Seine Lebensfähigkeit sei gegeben. Vor Einsetzen der Rezeptoren- und Effektorenfunktionen sei in dessen Magen eine selbstregulierende Patrone eingepflanzt, die in entsprechenden Zeitabständen die nötige Nahrung in hochkonzentrierter Form abgibt. Die chemisch/technische Möglichkeit sei erfüllt. Ebenso selbstregulierend seien dem Magen künstlich die nötigen Mengen an Flüssigkeit abgegeben. Der Mensch soll dadurch keinen Speise- und Trinkbedarf kennen. Die inneren Räume von Nahrungsmittel und Flüssigkeiten sind nicht gegeben. Denken wir den Menschen auf diese Weise 20 Jahre ernährt und mit Flüssigkeit versorgt und denken die Nahrungspatrone und Flüssigkeitszufuhr nach dieser Zeit schlagartig erschöpft. Der Physiologe als neutraler Beobachter würde die elektrischen Erregungen des vegetativen Nervensystems, an den Nerv-Muskel-Endplatten des Magens ausgelöst, sofort als Hunger- und Durstantrieb erkennen. Er könnte das aus der Kenntnis von Nahrungsmittel und Flüssigkeiten und der Antriebe dazu als Hunger und Durst. Diese Kenntnis fehlt dem Menschen, er konnte bisher keine inneren Räume von Nahrungsmittel und Flüssigkeit bilden. Der Mensch müsste an unsäglichen 'Schmerzen unbekannter Art' zugrunde gehen. Von Hunger- und Durstantrieb kann psychologisch nicht gesprochen werden, weil die inneren Räume nicht gegeben sind. Der Mensch könnte keinen Antrieb nach Nahrung oder Getränk haben.

Das bedeutet, ein spezialisierter Antrieb ist völlig abhängig von dem erfahrenen inneren Raum, dem er zugehört. Es handelt sich bei allen speziellen Antrieben primär um unspezialisierte kinetische Energiebeträge, die nur durch die Zugehörigkeit zu den inneren Räumen als spezialisierte Antriebe bezeichnet werden müssen. Eine Antriebsliste erübrigt sich und wir sprechen besser von kinetischen Energiebeträgen, die sich in den inneren Räumen jeweils als Antriebe ausspezialisieren.

Die Darstellung der inneren Räume in ihren Veränderungen in Dimensionen, Lage und Bewegungsabläufen musste bisher eine 'Draufsicht' sein, die das inhaltliche Geschehen der inneren Räume unberücksichtigt liess. Das inhaltliche Geschehen ist mit dem Auftreten von freien kinetischen Energiebeträgen als spezialisierte Antriebe angesprochen. Der kinetische Energiebetrag ist als spezialisierte Antriebstärke inhaltlicher Bestandteil des inneren Raumes.

Die spezialisierte Antriebstärke richtet sich nach der möglichen Bewertung des inneren Raumes. Dimensionen, Lagen und Bewegungsabläufe im psychischen Raum werden damit direkt beeinflusst von der Stärke der kinetischen Energiebeträge als spezialisierte Antriebstärke.

1.3.1. Die Massen der inneren Räume

Einstein[11] erarbeitete die folgenden Gesetze für physikalische Körper. Untersuchungen ergaben deren prinzipielle Gültigkeit für die inneren Räume.

Auf den Zustand des einmal erlebten raschesten Bewegungsablaufes von inneren Räumen beziehen sich ein Leben lang die i.R. Bewegungen in den verschiedenen Situationen. Kann die bisher höchste erlebte Bewegung von nach rascheren überboten werden? Wir sind gezwungen, eine nicht überschreitbare Grenze der i.R. Bewegungen anzunehmen, die nicht erreicht werden kann, die aber als oberste Grenze angesehen werden muss.

Eine Masseerscheinung der inneren Räume kann nur angenommen werden, wenn die Zunahme der Masse eines i.R. immer entspricht der Zunahme von kinetischer Energie im Verhältnis zur i.R. Bewegungsgeschwindigkeit, bezogen auf die Höchstgeschwindigkeit der i.R. Bewegungen. Wenn umgekehrt die Abnahme der Masse immer entspricht der Abnahme von kinetischer Energie im Verhältnis zur i.R. Bewegungsgeschwindigkeit, bezogen auf die Höchstgeschwindigkeit der i.R. Bewegungen. Ausgedrückt in der Formel:

$$m = \frac{m_0}{\sqrt{1 - d^2 / b^2}}$$

wobei: m = Masse des i.R.; m_0 = Ruhemasse; d = Geschwindigkeit der i.R. Bewegung; und b = Höchstgeschwindigkeit der i.R. Bewegung im psychischen Raum.

Das ist tatsächlich der Fall. Die Masseerscheinung beweist sich direkt in der Haftung an inneren Räumen, der wir zwangsläufig unterliegen. Beispielsweise werden wir eine Vorstellung (sprich: inneren Raum) nicht los und das desto weniger, je grösser die Bewegungen, je stärker die Energiebeträge als spezialisierte

[11] vgl. Einstein (1956), S. 16-35

Antriebstärken sind. Wir 'kleben' daran, wir 'verbohren' uns in den inneren Raum und erkennen die Haftung erst recht, sollte der innere Raum aufgegeben werden. Beispiele: die berufliche Aufgabe, an der wir heftig beteiligt sind, soll aufgesteckt werden; ein geliebter Mensch soll entbehrt werden. Das scheint in Widerspruch zu den Veränderungen der i.R. von Situation zu Situation zu stehen. Die Lösung für beide Erscheinungen kann aus der psychischen Gravitation in Punkt 1.4. gegeben werden.

Entsprechend der physikalischen Definition ist auch die Masse eines inneren Raumes dessen Bewegungswiderstand, der als Haftung an dem inneren Raum in Erscheinung tritt. Entsprechend den Wertedimensionen handelt es sich um eine psychische Masse = Wertemasse. Es ist die Fixierung kinetischer Energie in der 'Hülle' der i.R.-Wertedimensionen.

Ferner, wenn die Masse eines i.R. mit seiner Geschwindigkeit zunimmt und die Beschleunigung nichts anderes darstellt als Vermehrung kinetischer Energie, so kann die Massezunahme auf Zunahme von Energie zurückgeführt werden. Zunahme der Masse eines i.R. ist Vermehrung kinetischer Energie als spezialisierter Antrieb. Ausgedrückt in der Formel:

$$m = \frac{E}{b^2}$$

wobei: m = psychische Masse des i.R.; E = kinetischer Energiebetrag als spezialisierte Antriebstärke; b = Höchstgeschwindigkeit der i.R. Bewegungen

Daraus folgt, die kinetische Energie sucht sich zuerst in den i.R. niederzuschlagen, welche die grössten Veränderungen in Dimensionen, Lage = stärkste Bewegungen ermöglichen. Solche i.R. weisen die grössten Masseerscheinungen auf und sind durch stärkste Haftung gekennzeichnet.

Entgegen der bisherigen Annahme müssen wir von Antrieben sprechen, die sich in der Stärke der Energiebeträge unterscheiden. Auch weniger starke oder schwache Energiebeträge spezialisieren sich in den inneren Räumen als entsprechende Antriebstärken aus. Als bedeutend ergibt sich, dass es einen 'Sitz' oder eine Instanz (Unterbewusstsein) für spezialisierte Antriebe im menschlichen Gehirn nicht gibt. Das Stammhirn erfüllt lediglich die Funktion eines Energiezentrums und der Energieverteilung. Das schränkt die Bedeutung des Stammhirns nicht ein, da ohne Energie das psychische Geschehen unmöglich wäre. Ebenso muss die Annahme von Schichten für die Antriebe entfallen.

1.3.2. Erscheinungen von Affekten, Gefühlen und Stimmungen

Mit den psychischen Massen der i.R. lösen sich zugleich die psychischen Erscheinungen von Affekten, Gefühlen und Stimmungen. Die Schwierigkeit der Aussage darüber ist, die einzelne Erscheinung von Affekten, Gefühlen und Stimmungen kann nicht während der inneren oder äusseren Aktion selbst beurteilt werden. Das liegt im Wesen der i.R.-Massenveränderungen und der damit zusammenhängenden Wandlungen dieser psychischen Erscheinungen. Es ergaben sich aus den Untersuchungen darüber: Affekte, Gefühle und Stimmungen sind psychische Erscheinungen, die immer an bestimmte innere Räume gebunden sind. Ferner stehen Affekte, Gefühle und Stimmungen als psychische Erscheinungen in Relation zu Dimensionen, Lage (Bewegung) und spezialisierter Antriebstärke der inneren Räume. Oder: Affekte, Gefühle und Stimmungen stehen in direkter Relation zu den Massen der inneren Räume.

Es verblieb zu untersuchen, ob diese Erscheinungen sekundär aus den i.R. Massen entstehen oder ob es sich dabei um primäre Erscheinungen handelt, die einer eigenen Instanz angehören und sich jeweils proportional zur Masse der inneren Räume 'dazuschalten'. Da es sich bei diesen psychischen Erscheinungen nicht um irgendwelche Energieform handelt, sondern um bewertende Erscheinungen, müssen diese wesensgebunden an die inneren Räume sein. Sämtliche Bewertungen sind ja in den drei psychischen Dimensionen enthalten. Das bedeutet, Affekte, Gefühle und Stimmungen sind psychische Erscheinungen, die sekundär aus den Massen der inneren Räume erwachsen.

Die Annahme des Unbewussten als 'Sitz' oder Instanz der Affekte, Gefühle und Stimmungen entfällt, ebenso die Annahme von Schichten dafür.

1.4. Die Gravitation der inneren Räume

Einstein[12] bewies die Äquivalenz von Trägheit und Gravitation an physikalischen Körpern. Es gibt keine Möglichkeit, zwischen der durch eine gleichförmige Kraft hervorgerufenen gleichförmigen Bewegung (= träge Masse) und der durch Gravitation verursachten (= schwere Masse) zu unterscheiden. Jede Trägheitswirkung, hervorgerufen durch den Wechsel der Geschwindigkeit oder der Bewegungsrichtung kann als Wechsel oder Veränderung im Gravitationsfeld aufgefasst werden. Einstein folgerte: Gravitation ist keine 'Kraft', die Anschau-

12 vgl. Einstein (1956), S.36-70

ung, dass materielle Körper einander anziehen ist falsch. Bei dem Verhalten der Objekte im Gravitationsfeld handelt es sich lediglich um eine Reihe von Bewegungsvorgängen. Die Gravitation ist ein Spezialfall der Trägheit. Oder wir können sagen, das Gravitationsfeld ist der jede Masse umgebende Spannungszustand des Raumes, der auf jeden Bewegungsvorgang einer anderen Masse einen ganz bestimmten Einfluss ausübt, den wir Gravitation nennen.

Es war nur ein Schritt, um die Trägheit der psychischen 'Körper' als die Haftung an den inneren Räumen zu erkennen. Festgestellt war bereits, die Haftung am i.R. ist eine äquivalente Erscheinung zu dessen Masse. Die Frage war: ist also die Haftungswirkung aus einer i.R. Bewegung ebenfalls äquivalent der Gravitation eines inneren Raumes? Kann unter den inneren Räumen die Erscheinung einer psychischen Gravitation festgestellt werden?

Einstein ging es darum, an Hand von gedachten Sonderbewegungen oder Sonderlagen des angenommenen Fahrstuhls die Äquivalenz von Trägheit und Gravitation klarzustellen. Da die inneren Räume von 'Augenblick zu Augenblick' Bewegungen und Lagen verändern, mussten dem psychischen Bezugssystem einer Situation die Bewegungs- und Lageveränderungen weggedacht werden. Die Psyche wurde auf einen solchen Schnitt hin 'eingeeist' gedacht, um ein konstantes Bezugsystem von inneren Räumen zu erhalten.

Es ergab sich: Fände an den inneren Räumen keine Bewegungsveränderung mehr statt, so bliebe die Haftung an den einzelnen i.R. stets gleich, ebenso wie deren Massen gleich blieben; ferner befände sich jeder innere Raum in steten Zusammenhang mit den übrigen inneren Räumen des Bezugsystems und könnte stets nur in Zusammenhang mit den übrigen inneren Räumen gedacht werden. Das bedeutet, die inneren Räume müssen der Gravitation unterliegen.

Entsprechend den Wertedimensionen handelt es sich um die psychische Gravitation. Die Haftungswirkung eines inneren Raumes ist der psychischen Gravitation äquivalent. Den direkten Beweis sollten u.a. die Erinnerungen liefern (vgl. Punkt 1.5.).

Die Bewegungsabläufe der inneren Räume sind nicht mehr als willkürlich anzunehmen, sondern sie bestimmen sich durch die den i.R. innewohnende Haftung.

1.4.1. Das psychische Gravitationsfeld

Als bedeutend aus der psychischen Gravitation ergaben sich die dadurch entstehenden psychischen Gravitationsfelder (G-Felder). Für ihr Entstehen ergab sich: der innere Raum, der an einer Situation beteiligt die grösste Masse aufweist, bildet mit den übrigen an der Situation beteiligten inneren Räumen ein psychisches Gravitationsfeld; entstehen solche G-Felder, bedingen diese die Aufspaltung des psychischen Raumes in seine Raumsektoren. G-Felder in Raumsektoren, die sich konträr gegenüberstehen, müssen sich gegenseitig abstossen. Dazu Bild 3, die Situation 3 des Falles cII ist wieder meiner theoretischen Abhandlung entnommen:[13] der Vater hat eine Zurechtweisung für das Kind, weil es den Ball beschädigt hat.

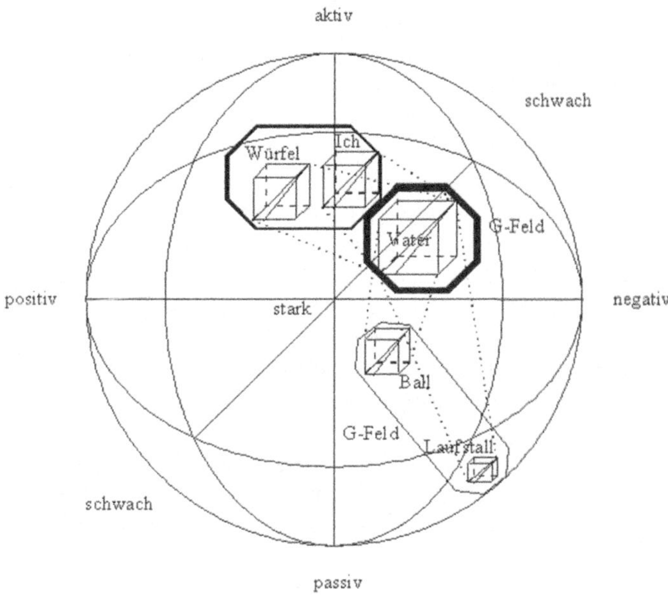

Bild 3: Die psychischen G-Felder bedingen die Aufspaltung des psychischen Raumes in die acht Raumsektoren. Situation 3, Fall cII, schematisch und dreidimensional.

13 vgl. Schwarz (2000), S.75 ff

1.4.2. Der innere Vorzugsraum und die Modulation

In Punkt 1.3.1. ergab sich der scheinbare Widerspruch von i.R. Masseveränderungen von Situation zu Situation und der Erscheinung eines konstanten Festhaltens (Haftung) an bestimmten inneren Räumen. Die Gravitation bringt die Lösung dafür. Es ergab sich:

1. Alle vorhandenen inneren Räume müssen zu jedem Zeitpunkt in gegenseitiger Gravitation stehen;
2. Wenn alle inneren Räume zu jedem Zeitpunkt ihre bestimmten Bewegungsvorgänge durch die Gravitation erfahren und die gesamte verfügbare Energie über das Stammhirn auf die inneren Räume 'verteilt' wird, so müssen jeweils sämtliche i.R. Massen und verfügbare Energie äquivalent sein. Es besteht eine psychische Massen – Energie – Äquivalenz und damit eine physiologisch-psychische Regelung;
3. In den meisten Situationen ist keiner der inneren Räume genügend massegross, um sämtliche vorhandenen inneren Räume in seine Gravitation einzubeziehen. Das bedeutet, die nicht in das G-Feld einer Situation einbezogenen inneren Räume müssen zu einem inneren Raum in Gravitation stehen, dessen Masse grösser ist als der massegrösste i.R. der Situation. Ein derartiger i.R. ist als innerer Vorzugsraum (VzR) bezeichnet;
4. Damit müssen sich das G-Feld eines VzR und das G-Feld des massegrössten i.R. einer Situation gegenseitig beeinflussen. Daraus folgt, das G-Feld i.R. 'Situation' wird in das des VzR einbezogen oder stört dieses;
5. Erhält ein i.R. einer Situation eine grössere Masse als der VzR, wird das G-Feld VzR vorübergehend aufgelöst. Sämtliche i.R. stehen für diese Situation im Einfluss des massegrossen i.R. Kann der i.R. seine grosse Masse nur für die Situation erhalten, wird das G-Feld VzR wieder aufgebaut. Ein derartiger Gravitationseinfluss ist als Modulation bezeichnet und stellt einen Spezialfall der sogenannten Bewusstseinsenge dar;
6. Erhält der i.R. einer solchen Situation seine Masse, wird er zum neuen VzR. Der bisherige VzR wird zum i.R. im G-Feld des neuen VzR oder stört dieses in einem anderen Raumsektor.

Allgemein ist für die spätere Anwendung von Bedeutung, die psychischen G-

Felder sind mathematisch durch Tensoren zweiten Ranges, vereinfacht durch Vektoren, formuliert.

Durch diese G-Feldgesetze verstehen wir, wie beispielsweise ein Mensch aus unglücklicher Liebe von Situation zu Situation jagt, um den VzR 'Geliebter Mensch' los zu werden. Und wie ihn der VzR 'Geliebter Mensch' wie ein Alptraum selbst aus starken Ablenkungen heraus überkommt. Er kann alles ertragen, nur nicht innere oder äussere Ruhe. Dann senkt es sich wieder bleischwer und unverrückbar auf ihn und alle inneren Räume beziehen sich wieder auf den geliebten Menschen.

Wir verstehen die Auflösung eines G-Feldes VzR beim plötzlichen Tod des geliebten Ehepartners oder des unerwarteten Bruches mit ihm. Der Zurückgebliebene steht vor der Alternative, ein neues G-Feld VzR aufzubauen oder zu ertragen, wie ihm eine 'Welt' zusammenbricht (mit dem Leben fertig sein; 'dahinleben' von Situation zu Situation).

Wie eine grosse Enttäuschung des Kindes seitens eines Elternteils die gesamte Psyche des Kindes moduliert und welche Schäden entstehen, kann von solch einer Modulation der VzR 'Elternteil' nicht mehr das G-Feld aufbauen.

Und wie sich der junge Mensch normal in der Pubertät gegen die Auflösung des G-Feldes 'Elternteil' bäumt. Wie er schliesslich im G-Feld VzR 'Freund' oder 'Erste Liebe' sein psychisches Gleichgewicht wiederfindet und der Bruch der Freundschaft, der Verlust der ersten Liebe nahezu als unüberbrückbar empfunden werden.

1.4.3. Das Gewissen

Aus der Aufspaltung des psychischen Raumes in die Raumsektoren und den dadurch entstehenden Gravitationseinflüssen ergab sich: Das Gewissen ist die psychische Erscheinung aus der Hebung oder Störung der psychischen Gravitation. Aus diesen Zusammenhängen ist mit der Ansatz gegeben für eine neue Gruppenpsychologie (vgl. Punkt 1.6. f). Totem, Tabu und Inzestschranke können besser aus der psychischen Gravitation erklärt werden. Die Annahme einer psychischen Instanz für das Gewissen kann dadurch entfallen.

1.5. Die Erinnerungen

Wieder war es nötig, einem Menschen nur zwei Situationen seines Erlebens und damit zwei Bezugsysteme von inneren Räumen zu denken. Es stellte sich heraus: was wir als Erinnerung bezeichnen, ist nichts anderes, als dass innere Räume und VzR die gleichen Bewegungsvorgänge durchlaufen, die sie bei einer früheren Situation durchliefen. Entsprechend den Gesetzen der Gravitation, den G-Feldgesetzen und der Masse-Energie-Äquivalenz genügt es, wenn nur einer der inneren Räume die Masse (Haftungswirkung) einnimmt, die er während einer früheren Situation eingenommen hat. Schlagartig müssen sich die Bewegungsvorgänge der übrigen inneren Räume so bestimmen, wie sie in der früheren Situation bestanden. Der Rückbau solcher G-Felder muss dabei stets von den gleichen psychischen Erscheinungen begleitet sein, die sich während der erinnerten Situation tatsächlich ergaben. Es treten die gleichen Affekte, Gefühle und Stimmungen auf, begleitet von gleichem Gewissen usw. Die Erfahrung bestätigt das insbesondere für Vollerinnerungen.

Vergessen und Verdrängen einer Situation können besser erklärt werden. Ebenso die Früh-Erinnerungen, in denen wir für Sekunden 'das Kind' sind, das wir zu der erinnerten Situation waren. Für Sekunden vermeinen wir dabei, tatsächlich in der Erlebnis- oder Wertezeitperiode des damaligen Bezugsystems zu leben. Sekunden, in denen alles vergessen ist, was unsere augenblicklichen Seligkeiten und Nöte ausmacht zugunsten der damaligen.

Neben der Masse-Energie-Äquivalenz und dem Gewissen müssen von der psychologischen Sicht besonders die Erinnerungen als Beweis für die psychische Gravitation angesehen werden.

Es erklären sich ferner die äusseren Raum-Zeit-Verschiebungen in Traumsituationen, die trotzdem als geschlossene innere Raum-Zeit-Perioden erlebt werden.

Aus den Gesetzen folgt, das Unterbewusstsein, wie alle übrigen Annahmen von Instanzen oder Schichten für Antriebe, Affekte, Gefühle und Stimmungen, für Erinnerungen und eine Instanz für das Gewissen können entbehrt werden. Es verbleiben die physiologisch unbewussten Funktionen,die durch die Regelungen gesteuert werden. Das komplexe Bewusstsein konnte als psychisches raumzeitliches Kontinuum eine solide Erklärung erfahren und wir können sagen, es umfasst mit den gewonnenen Gesetzen die gesamten psychischen Vorgänge.

1.6. G-Felder bestimmen die zwischenmenschlichen Beziehungen

Entsprechend der Darstellung in den Punkten 1.1. bis 1.5. besteht ein zwingender Zusammenhang gegebener Vorstellungen (i.R.) in den G-Feldern des Individuums. Diese gesetzmässigen Zusammenhänge bedingen selbstredend auch das zwischenmenschliche Verhalten der Individuen.

Damit sind zwischenmenschliche psychische Erscheinungen erklärbar, die bisher nur teilweise ausgedrückt zu werden vermochten. Es handelt sich um Erscheinungen, die von manchen Psychologen mit bestimmten Strebungen[14], bzw. als zwischenmenschlich Atmosphärisches, wie Lewin das bezeichnet[15], und das von Philosophen wie Jaspers, als Kommunikation benannt werden.[16] Auch spricht man von Empathie und meint damit u.a. das Einfühlungsvermögen und die willenlose Übernahme von Eindrücken durch den Beobachter. Begriffe, die sich als zu eng und nicht ausreichend erweisen. Zum einen fehlt ihnen die Voraussetzung des zwingend gesetzmässigen Auftretens, zum anderen die sich ergebenden komplexen psychischen Folgeerscheinungen zwischen den Menschen.

Wir haben es hier mit der Erscheinung zu tun, für die der Begriff der psychischen G-Einwirkung allgemein verwendet wurde.[17] Damit ist die zwischenmenschliche Wechselwirkung von Ereignissen bezeichnet, bedingt durch die psychische Gravitation. Das erklärt, wie der Einzelne wie 'von selbst' entsprechend seiner Erziehung, Bildung, seinem Anspruchsniveau usw. die sozialen Gruppen auswählt, denen er sich schliesslich zuordnet. Daher kann auch die Trennung von Psychologie und Soziologie nicht weiter angenommen werden.[18]

1.6.1 Der Mensch in der Gesellschaft

Joas schreibt über die Aufgaben von Psychologie und Soziologie: "Die Soziologie untersucht die Arten und Weisen, wie das menschliche Leben sozial organisiert wird. Sie interessiert sich für die vielfältigen Beziehungen zwischen Menschen. Die anderen Sozialwissenschaften hingegen stellen jeweils nur eine Dimension des sozialen Lebens in den Mittelpunkt: ... die Psychologie die Wechselbeziehungen zwischen Biologie, Entwicklung und individuellen Merkmalen.

---

14 vgl. Lersch (1962), S.176 ff
15 vgl. Schwarz (2000), S.113
16 vgl. Schwarz (2004), S.38
17 vgl. Schwarz (2007), S.164
18 vgl. Schwarz (2007), S.171 ff

...Oft versuchen wir unsere sozialen Erfahrungen zu erklären, indem wir die Motive der direkt beteiligten Personen analysieren. Die Soziologie geht über diesen individualpsychologischen Erklärungsansatz hinaus: Sie untersucht auch die zahlreichen wiederkehrenden Muster, d.h. die sozialen Gesetzmässigkeiten in den Einstellungen und Handlungen der Individuen, und fragt, wie diese Muster im Lauf der Zeit, von Kultur zu Kultur und zwischen sozialen Gruppen variieren. ... Die Soziologie ignoriert die Individuen nicht. Sie zeigt vielmehr, dass wir die Handlungen der Individuen - und unsere eigenen Erfahrungen - nur aus ihrem sozialen Kontext heraus verstehen können."[19]

Eine derartige Trennung der Bereiche Psychologie und Soziologie erscheint weiter nicht zulässig.

Wie aufgezeigt[20], umfasst das hochkomplexe neue menschliche Bewusstsein nicht nur die gesamte individuelle Psyche sondern auch das Zwischenmenschliche in all seinen Schattierungen. So sind die gesamten zwischenmenschlichen Beziehungen, wie sie beispielsweise Durkheim in Individuen nicht unterbringt[21] ebenso auf die dargestellten Gesetze zurückzuführen, wie auf Mikroebene die Theorien zur sozialen Interaktion, über die zwischenmenschlichen Netzwerke, bis hin zur Makroebene der Sozialstruktur und ihren Einflüssen auf das menschliche Verhalten[22].

1.7. Entscheiden und Handeln

Max Weber stellt dazu die Kernforderung: "Die Soziologie muss versuchen, Handlungen vom Standpunkt des Akteurs zu verstehen, d.h. über das objektiv beobachtete Verhalten hinaus die subjektiven Gedanken und Gefühle zu analysieren, die den einzelnen Handlungen zugrunde liegen. Sie muss interpretieren und nicht nur beobachten[23]. Auf der Suche nach einem gemeinsamen Theoriekern stellen sich Fragen nach der Entscheidung des Menschen, seiner 'Rationalität', seinem freien Willen und schliesslichen Handeln. Fragen die bisher klar nicht zu beantworten waren - auch nicht durch methodische Vereinfachung.

Wie gesondert dargelegt, ist der Ansatz gegeben, die menschliche Entscheidung, wie sie sich innerhalb der psychischen G-Felder von Vorstellungen voll-

19 vgl. Joas (2003), S.14
20 vgl. Schwarz (2007), S.20-182
21 vgl. Schwarz (2007), S.188 ff
22 vgl. Schwarz (2007), S.187-221
23 vgl. Joas (2003), S.31

zieht, zu erklären,[24] und wie es um deren 'Rationalität' und dem freien Willen bestellt ist[25]. Und am Beispiel des Verbrauchers, wie der Mensch schliesslich handelt und das frühzeitig zu erfahren ist[26]. Damit ist ein grundlegender Schritt getan für die Schaffung eines gemeinsamen - wenn auch völlig andersartigen als bisher angestrebten - Theoriekerns in der Soziologie[27].

Grundsätzlich ergibt sich demnach bezüglich der Entscheidung: Sie wird nicht aus dem konventionell angenommenen Subjekt-Objekt-Bezug getroffen. Entscheidungen resultieren nicht aus konventionell angenommenen freien Willen. Da es den in der abendländischen Philosophie angenommenen Verstand nicht gibt, scheiden selbstredend die Formen von 'Rational Choice' aus. Die Entscheidungen fliessen dem Individuum vielmehr aus der Selektion innerhalb dominierender G-Felder von Vorstellungen.

Dabei zählt der im G-Feld entstehende Gesamtnutzen. Dieser wird gegenüber dem wesentlich erachteten Umfeld auf störungsfrei abgeprüft. Dafür sorgt das Gesetz der G-Einwirkung. Insbesondere Entscheidungen von Tragweite 'reifen' oft über viele Situationen und unterliegen dabei den laufenden Veränderungen in Antrieb, Gefühl und Gewissen. Dabei spielt bereits die Selektion auf störungsfreien Verlauf der angepeilten Handlung eine bedeutende Rolle. Ist der Entscheidungsprozess abgeschlossen, folgt in der Regel unmittelbar die Handlung, die weiterhin von dem Gesetz der G-Einwirkung 'überwacht' wird. Der Mensch steht dadurch in komplexer psychischer Wechselwirkung zu den Mitmenschen und sucht insbesondere in den Gruppen, denen er sich zuordnet, die störungsfreien Interaktionen in Denken, Reden und wie er schliesslich handelt. Dabei kann es sich niemals um rein objektbezogene Vorgänge handeln. Die gegebenen Vorstellungen (i.R.) in den G-Feldern wirken zwingend und ohne vom Entscheider immer voll bedacht zu werden auf das Entscheidungsverhalten ein. Es handelt sich dabei nicht etwa darum, ein bisher angenommener Intellekt würde von einem blinden Willen getrieben, wie dies von Schopenhauer formuliert wurde.[28] Oder die meisten der wirksamen Antriebe des Denkens kommen aus dem Unbewussten und seien emotionaler Natur, wie das die tiefenpsychologischen Schulrichtungen sehen.

Das Gesetz der G-Einwirkung besagt zunächst ganz allgemein:[29] Das psychi-

---

24 vgl. Schwarz (2004)
25 vgl. Schwarz (2004), S.26 ff
26 vgl. Schwarz (2004), S.26 ff
27 vgl. Schwarz (2007), S.187 ff
28 vgl. Störig (1952), S.437-446
29 vgl. Schwarz (2000), S.109-113

sche G-Feld VzR will Störungen vermeiden. Der Mensch ist von seiner innersten Natur darauf angelegt, insbesondere gegenüber seinen Mitmenschen Harmonie zu suchen und in harmonischer Kommunikation zu leben. Nach dieser Harmonie besteht eine tiefe, heute oft uneingestandene Sehnsucht im Menschen. Ohne sie gedeihen Säuglinge nicht und Erwachsene erkranken an Gemüt und Leib.

Aus welchem Grund auch immer besteht nun bekanntlich zwischen Menschen, vielfach von deren frühester Kindheit an, ein gestörtes Verhältnis. In Reminiszenz an die vergeblich gesuchte Harmonie bewegt sich der Einzelne in den von ihm bevorzugten Gruppen in Anpassung der Verhaltensweisen, um Störungen zu vermeiden. Aus dem Gesetz der G-Einwirkung folgt allgemein und in Verbindung mit den G-Feldgesetzen:

Innerhalb des G-Feldes VzR läuft eine zwingende und meist unbemerkte Selektion bezüglich des Verhaltens gegenüber Mitmenschen, mit dem Ziel, Störungen zu vermeiden.

1.7.1. Der Charakter der Entscheidung

Bezüglich der Art und Weise der Entscheidung müssen wieder die psychischen G-Felder betrachtet werden. Die G-Felder in der Ereignisabfolge sind als Tensoren zweiten Ranges, vereinfacht als Vektoren, formuliert (vgl. Punkt 1.4. ff). Daraus folgt, die menschliche Entscheidung hat Vektorcharakter. Dabei handelt es sich, wie dargestellt, nicht um ein Axiom, wie solche bisher gerne in den Entscheidungstheorien verwendet werden[30] Vielmehr sind die komplexen Zusammenhänge in den G-Feldern hinreichend aufgezeigt, um die Entscheidung und ihren Vektorcharakter im Einzelnen klar zu definieren.

Aus der psychischen Masse, welche der innere Raum eines Umweltfaktors schliesslich erreicht, ergibt sich im G-Feld VzR die Antriebsdichte zu dem Umweltfaktor in Richtung Zielerreichung. Die psychische Masse des inneren Raumes wiederum resultiert aus den Vorstellungsbezügen in dem G-Feld VzR (vgl. Punkt 1.4.2.). Der Massebeitrag des inneren Raumes im G-Feld VzR ist somit unmittelbar als Vektor definiert. Daraus folgt:

Die psychische Masse des inneren Raumes eines Umweltfaktors mit der aus ihr entstehenden Antriebsdichte im G-Feld VzR wirken als vektorielle Kraft in Richtung Zielerreichung.

---

[30] vgl. Nitzsch Rüdiger (1996)

Wie in Punkt 1.7. angesprochen, unterliegen innere Räume, einmal in das G-Feld VzR einbezogen, einer laufenden Selektion. Dadurch bestimmen sich letztlich die psychischen Massen, die sie im G-Feld VzR erfahren. Die inneren Räume werden dabei im G-Feld VzR auf ihre 'Akzeptanz' bezüglich wesentlicher innerer Räume von Umweltfaktoren abgeprüft.

1.7.2. Der Entscheidungsprozess

Bei der menschlichen Entscheidung handelt es sich dem Wesen nach um eine meist unbemerkte Selektion während eines Entscheidungsprozesses. Durch diese Selektion bewirkt der Entscheidungsprozess u.a. eine laufende Änderung der Positionierung eines angestrebten inneren Raumes in dem G-Feld VzR. Dadurch verändert sich laufend die psychische Masse des inneren Raumes.

1.7.2.1. Bei Alternativen

In Verbindung mit Punkt 1.7.2. resultiert daraus für alternative Umweltfaktoren: Erfährt ein alternativer innerer Raum durch den Entscheidungsprozess die grössere psychische Masse im G-Feld VzR, entsteht dadurch die grössere Antriebsdichte gegenüber dem Umweltfaktor. Das bedeutet:

Bei alternativen Umweltfaktoren erhält durch den Entscheidungsprozess derjenige als innerer Raum die grössere psychische Masse im G-Feld VzR, der die grössere Akzeptanz gegenüber den gegebenen wesentlichen inneren Räumen im G-Feld VzR erreicht.

Ist die grössere Antriebsdichte für einen alternativen Umweltfaktor gegeben, resultiert aus ihr unmittelbar die Aktion in Richtung Zielerreichung. Die Entscheidung ist also zeitlich gesehen kein punktueller Abschluss eines vorhergehenden Selektionsvorganges sondern sie 'reift' sozusagen während des gesamten Entscheidungsprozesses. Zeitlich gesehen muss von Entscheidungsphasen gesprochen werden. Der Verlauf muss nicht zusammenhängend sein und kann von andersgearteten Situationen unterbrochen werden. Ist die wesentliche Abgleichung im G-Feld VzR beendet und für einen alternativen Umweltfaktor die grössere Antriebsdichte gegeben, löst dies unmittelbar die Aktivität in Richtung Zielerreichung aus. Das bedeutet:

Die Entscheidung fällt zeitlich gesehen nicht punktuell sondern während der

Entscheidungsphasen des Selektionsprozesses und zwangsläufig für den alternativen Umweltfaktor, dessen innerer Raum im G-Feld VzR die größere psychische Masse erfährt. Durch sie baut sich im G-Feld VzR die größere Antriebsdichte gegenüber dem Umweltfaktor im Sinne erwünschter Zielerreichung auf und löst unmittelbar die Aktivitäten daraufhin aus.

Eine derart zustande gekommene Entscheidung kann als subjektiv ausgewogen bezeichnet werden. Die Akzeptanz des Umweltfaktors im G-Feld VzR war während des Entscheidungsprozesses abgeglichen worden. Eine so zustande gekommene Entscheidung befriedigt 'auf Dauer', das heißt, solange nicht durch wesentliche Vorgänge das G-Feld VzR des Entscheiders durch ein neues abgelöst wird (vgl. Punkt 1.4.2.).

1.7.2.2. Die spontane Entscheidung

Umweltfaktoren bewirken zuweilen Situationen von massegrossen inneren Räumen und damit die Modulation des G-Feldes VzR (vgl. Punkt 1.4.2.). In solchen Situationen besteht die Gefahr, dass durch die grosse Antriebsdichte aus der Modulation heraus die Aktion gegenüber dem Umweltfaktor ausgelöst wird, bevor sich das G-Feld VzR zurückbaut. Der später 'automatisch' einsetzende Abgleich unter den übrigen inneren Räumen im wiederaufgebauten G-Feld VzR lässt dann in vielen Fällen die Entscheidung als falsch erscheinen. Da aber Fehlentscheidungen wegen des Erhalts des i.R. 'Ich' nicht gerne zugegeben werden, kommt es dann zu Rationalisierungen der Entscheidung. Damit soll häufig das eigene Fehlverhalten überdeckt werden. Der Entscheidung wird dann nachträglich ein 'vernünftiger' Grund gegeben und Entscheidungen bezüglich überzogener Ansprüche werden verständlich gemacht usw.

Sicher ist die Rationalisierung eine Verlogenheit, die mit jener jahrhunderte alten einher geht, uns zu lehren, wie intellektuell wir Menschen doch sind. Die Begründungen von Entscheidern sollten besser unkommentiert zur Kenntnis genommen werden. Sind wir doch eben dabei, die wirklichen Beweggründe der Entscheidung zu erkennen.

Hingegen ist es in seltenen Fällen durchaus möglich, dass der wesentliche Abgleich eines Entscheiders bezüglich einem Umweltfaktor im G-Feld VzR so rasch abläuft, dass die spontane Entscheidung auf Anhieb richtig ist. Allgemein jedoch bestätigt sich bei Entscheidungen von Tragweite die alte Regel, besser eine Nacht darüber zu schlafen.

1.7.2.3. Die Entscheidung nach Grundsätzen und Gewissen

Wie dargestellt, besagt das Gesetz der G-Einwirkung allgemein, die menschliche Psyche ist darauf angelegt, Störungen zu vermeiden. Aus den komplexen Erscheinungen in den G-Feldern und deren Verflechtung mit den Umweltfaktoren bedeutet das auch, der Mensch will Störungen mit dem Umfeld vermeiden, weil derartige Störungen zugleich das Auftreten von schlechtem Gewissen (vgl. Punkt 1.4.3.) bedingen. Das Gesetz der G-Einwirkung ergibt so für die Glieder eines Kulturbereiches das Verhalten nach einem scheinbar übergeordneten Gewissen, solange übergeordnete weltanschauliche Wertvorstellungen und Grundsätze in dem Kulturbereich gegeben sind. Mit deren Zerfall und der Auflösung in beliebige weltanschauliche Gruppen - wie wir das derzeit immer stärker beobachten - zerfällt auch das vermeintlich 'übergeordnete' Gewissen und wird von so genannten gruppenspezifischen Gewissen abgelöst.

Das Gewissen in den Gruppen, die sich von übergeordneten Weltanschauungen getrennt haben, gehorcht dann den Grundsätzen und Anschauungen der einzelnen Gruppen. Das bedeutet:

Die Entscheidung beinhaltet zugleich die Abgleichung auf mögliche Störungen aus alternativen Umweltfaktoren mit dem subjektiven Gewissen.

1.7.2.4. Der Konflikt

Wenn Entschlüsse fallen sollen, gibt es auch Konflikte. Eine Möglichkeit ist, alternative Umweltfaktoren werden gleichermaßen begehrt und erreichen zunächst im G-Feld VzR etwa gleich große psychische i.R. Massen aus der Situation heraus. Nach Abgleich im G-Feld VzR ergibt sich in der Regel die Konfliktlösung für einen der Umweltfaktoren von selbst. Verbleiben nach Abgleich die psychischen i.R. Massen etwa gleich groß, wird die Entscheidung gerne 'aufgeschoben' bzw. es gilt: 'Kopf oder Zahl'. Es ergibt sich auch der Fall, dass der Konflikt aus etwa gleich starken Modulationen bezüglich alternativer Umweltfaktoren entsteht. Hier erbringt meist der spätere Abgleich in dem G-Feld VzR den klaren Entschluss für einen der Umweltfaktoren. Eine besondere Art von Konflikt ist der Gewissenskonflikt. Einem stark begehrten Umweltfaktor steht die zu erwartende Ächtung der Aktion aus einem übergeordneten bzw. Gruppenkodex entgegen.

1.7.2.5. Der freie Wille bei der Entscheidung

Bieri[31] beschränkt seine Betrachtungen zum freien Willen auf die einfachen, geläufigen Handlungen. Der Mensch hat demnach die Freiheit der Entscheidung, geläufige Tätigkeiten, wie das Drücken einer bestimmten Taste am PC, den Griff zur Kaffeetasse, frei zu entscheiden. Tätigkeiten, die in der Psychologie als solche beschrieben werden, welche aus dem Lernprozess heraus das kortikale Niveau zunehmend nicht mehr belasten.

Erhebt sich die Frage, was beispielsweise mit dem freien Willen der Chefsekretärin Karin A. geschieht, wenn sie beginnt, am PC einen bitterbösen Brief an ihren obersten Vorgesetzten zu schreiben? Wenn sie vor Aufregung darüber, aus dem Schreiben könnte für sie letztlich ihre Entlassung resultieren, den Griff zur Kaffeetasse verfehlt, diese verschüttet und schliesslich den angefangenen Text entnervt löscht, um erst mal Pause zu machen? Besteht der freie Wille dann darin, dass Karin A. den gleichen Brief nach der Pause nicht mehr schreibt, um ihrem Chef die Meinung zu sagen? Wie hinreichend dargestellt, hängt die gerichtete Kraft für die Zielerreichung von den Abläufen in den psychischen G-Feldern ab. Karin A. handelte anfänglich offenbar spontan in einer Modulation (vgl. Punkt 1.7.2.2.). Während der Pause begann sich ihr Vorhaben, den Brief zu schreiben, in ihrem G-Feld VzR abzugleichen. Karin A. schrieb daraufhin den Brief nie wieder.

Die zufriedenstellende zielgerichtete Kraft, etwas zu tun, folgt aus den vorgelagerten Abläufen in dem G-Feld VzR. Wie dargestellt, ergibt sich eine derartige Ausrichtung auf die Zielerreichung unmittelbar aus der schliesslich erreichten Antriebsdichte innerhalb eines G-Feldes VzR. Je nach Tragweite der Entscheidung liegen zwischen diesen Abläufen in den G-Feldern und dem konkreten Handlungsbeginn - bzw. der Unterlassung der Handlung - experimentell feststellbare Zeiten. Innerhalb dieser oft sehr kurzen äusseren Zeiten (vgl. Punkt 1.2.3.) selektiert das G-Feld VzR meist 'automatisch', welche erfahrungsgemässen Wirkungen die Handlung erbringt und ob diese 'erlaubt' oder 'gesperrt' ist. Letzteres wiederum hängt insbesondere bei Entscheidungen von Tragweite von übergeordneten Grundsätzen im Kulturbereich ab und wenn diese subjektiv nicht wesentlich erscheinen, von den Grundsätzen der Gruppen, in welchen sich das Individuum bevorzugt bewegt (vgl. Punkt 1.7.2.3.).

Dazu eine experimentelle Bestätigung, wie sie unter anderem Vorzeichen in den 1980er Jahren lief. Der Neurobiologe Franz Mechsner schildert in seinem

---

31 vgl. Bieri Peter (2001)

Beitrag in GEO[32], wie der Neurophysiologe Benjamin Libet in diesen Jahren dem angenommenen freien Willen experimentell auf die Spur kommen wollte. Libet griff dabei auf einen Befund des deutschen Neurologen Hans Kornhuber zurück. Der hatte in den 1960er Jahren entdeckt, dass menschlichen Bewegungen ein „Bereitschaftspotenzial" des Gehirns vorausgeht, ein elektrisches Potenzial, das sich mit Elektroden über dem prämotorischen Cortex von der Kopfhaut ableiten lässt und die Aktivität der beteiligten Nervenzellen widerspiegelt. Dieses Potenzial beginnt sich eine bis eine halbe Sekunde vor dem Start der Bewegung zu zeigen und wird dann immer stärker. Libets Frage lautete: Wenn eine Bewegung ausdrücklich „gewollt" ist, wann genau im Lauf der neuronalen Vorbereitung kommt der bewusste Wille zu dieser Bewegung ins Spiel? Der bewusste Wille, überlegte der Neurophysiologe, ist der einzig plausible Kandidat für einen möglicherweise 'unbedingt freien' Willen. Dieser müsste dann auch die Entstehung von Bereitschaftspotenzialen frei steuern können, sonst wäre er nichts als mentales Beiwerk, ein täuschendes 'Epiphänomen' von gesetzmässig ablaufenden Gehirnprozessen.

Aus dieser Überlegung ergibt sich die Logik von Libets Experiment: Nur wenn der Wille dem Bereitschaftspotenzial vorausgeht, kann er Ursache für die Wahl und Anbahnung gerade dieser Bewegung sein.

Libet bat seine jeweilige Versuchsperson, ruhig und entspannt zu sitzen und zu einem freigewählten Zeitpunkt das Handgelenk zu beugen. Elektroden auf der Kopfhaut leiteten die Gehirnpotenziale ab. Zusätzlich - und dies ist der entscheidende experimentelle Trick - schauten die Probanden auf den Zeiger einer rasch laufenden Stoppuhr. Der Wissenschaftler fragte sie anschliessend: „Welche Stellung hatte der Uhrzeiger, als Sie den Willen spürten, die Hand zu bewegen?"

Nach vielen Untersuchungen puzzelte Benjamin Libet die Ergebnisse zusammen: Seine Untersuchungspersonen spürten den Willen, das Handgelenk zu beugen, etwa eine Fünftelsekunde vor der tatsächlichen Bewegung. Der bewusste Wille ging also der Aktion voraus, wie es uns auch im Alltag der Fall zu sein scheint. Allerdings: Zu diesem Zeitpunkt war das Bereitschaftspotenzial bereits maximal aufgebaut. Der bewusste Wille konnte somit die Handlung weder gewählt noch eingeleitet haben; dies musste durch etwas davor geschehen sein.

Kein Wunder, dass Libets Resultate einen Orkan in der Fachwelt auslösten: Wenn der bewusste Wille, etwas zu tun, erst auftaucht, nachdem das Gehirn die Handlung bereits angebahnt hat, ist er dann nicht ein unerhebliches, einflusslo-

---

32 vgl. Mechsner (2003), S.77f

ses 'Erlebnis-Sahnehäubchen' auf unbewussten, letztlich allein ausschlaggebenden Hirnprozessen? Ist der freie Wille hiermit als Illusion entlarvt? Jedenfalls, so Libet, beruht die Ansicht, dass wir über unseren bewussten Willen Aktivitäten in Gang bringen können, auf Selbsttäuschung, entsprechend dem griffigen Diktum „Wir tun nicht, was wir wollen, sondern wir wollen, was wir tun."

Libets Vorschlag, dass der bewusste Wille die Funktion behalte, vorher initierte Prozesse im Gehirn abzublocken oder zuzustimmen entspricht wiederum konventioneller Ansicht. Wie aufgezeigt, liegt die Kontrolle, ob eine Handlung 'genehmigt' oder 'nicht genehmigt' ist, innerhalb der G-Felder und funktioniert weit besser ohne 'freien Willen'.

Von freiem Willen zu sprechen ist ein Relikt jahrhundertealter westlicher Philosophie, auf das verzichtet werden kann. Wie aufgezeigt, hängt die vermeintliche freie Entscheidung von der Abgleichung innerhalb des G-Feldes VzR ab. Bei Entscheidungen von Tragweite hängt dies wiederum von der 'Aufladung' des G-Feldes VzR mit übergeordneten bzw. Gruppengrundsätzen ab.

Auch während der oft längeren Phasen abstrakten Denkvermögens[33] kann wegen der G-Feldgesetze nicht von freien Willensentscheidungen gesprochen werden. So sind beispielsweise die laufenden Sachentscheidungen von Ärzten, Rechtsanwälten, Steuerberatern usw. mitgetragen von gesetzlichen Vorschriften, beruflichen Grundsätzen und welche Einstellungen in den betreffenden beruflichen Gruppen des Kulturbereiches gelten und der subjektiven Meinungen dazu. Und das, obwohl bei der beruflichen Ausübung abstraktes Denkvermögen erforderlich ist, um entsprechend der physiologisch-psychischen Regelung (vgl. Punkt 1.4.2.) weite Vorstellungskomplexe beruflich verfügbar zu halten.

1.8. Brachliegende Werte des Zusammenlebens

Da in dem neuen Bewusstsein Denken, Entscheiden und schliessliches Handeln so eng mit den zwischenmenschlichen Aspekten verbunden sind, stellt sich die Frage nach dem neuen Menschenbild.

Von Griechenland ausgehend[34] erfasste die Hellenisierung den Nahen Osten und das Abendland mit den philosophischen Grundgedanken des Realismus (Platon) und Nominalismus (Aristoteles), wie sie im weiteren Verlauf der Jahrhunderte fixiert wurden. Das Vermögen zu Denken, die Hinzunahme des dafür

---

33 vgl. Schwarz (2000), S.71ff
34 vgl. Schwarz (2007) S.9 ff

zuständigen 'Verstandes' und die schliessliche Annahme eines freien Willens beherrschten insbesondere seit der Scholastik (Thomas von Aquin) das philosophische Denken.

Diese 'Verstandeskultur' bestärkte den Menschen, sich vor allem selbst zu sehen und schliesslich ichbetont zu denken und zu handeln. Wohlbemerkt wurde die 'Ichkultur' durch dieses philosophische Denken zwar bestärkt, hatte aber - wie noch darzustellen ist - seine Ursache in einer viel früher gelegenen Situation.

Der Versuch, diese Philosophie mit den christlichen Grundgedanken zu vermengen, war schliesslich ein Unterfangen, das von vorneherein zum Scheitern verurteilt war und gegen das sich die apostolischen Briefe bereits zur Wehr setzten (vgl. Kol. 2,8). Das ist letztlich mit der Grund für den Niedergang der abendländischen Kultur, wie er derzeit festzustellen ist. Ganz einfach, weil die Grundgedanken hellenischer Philosophie und nahezu aller Folgephilosophien Annahmen waren, die sich, wie erwähnt, als nicht haltbar erwiesen.[35]

Rückblickend kann gesagt werden, über zweitausend Jahre wurden wegen der philosophisch bestärkten Ichkultur vergeudet, eine wahre christliche Gesellschaft hervorzubringen. Die folgenden Ausführungen können daher auf diesen Zeitraum abendländischer Philosophie verzichten. Statt dessen vermögen wir wieder unmittelbar auf die Quellen und Grundaussagen zurückzugreifen, die u.a. zum Entstehen unserer Kultur führten und daraus die Konsequenzen für die Zukunft ziehen.

Nun könnte diese Aufgabe anderen überlassen werden. Wer aber unternimmt es, diese althergebrachte abendländische Philosophie, von der unser Weltbild immer noch zehrt, beiseite zu schieben. Auf ein Wort: trotz der lauthals beschworenen Freiheit, wer wagte es in unserer Konsensgesellschaft 'zu tauchen in diesen Grund hinab' ? Wer wagte das neue Menschenbild in seinem fliessenden gesetzmässigen Wandel zu kreieren, welches das gesamte Umfeld und letztlich Gott mit einschliesst, den wahren Schöpfer, der - wie wir nun zu sagen vermögen - sein grosses Gesetz in unser Bewusstsein gelegt hat. Das Gesetz, dem Energie und Materie in Physik ebenso unterliegen wie Energie und neues Bewusstsein in der Psyche. Der Schöpfer, von dem dieses Gesetz stammt, wird dadurch zu einer ganz neuen Realität. Zudem werden die Aussagen größter Denker in den Weltkulturen bezüglich der zwischenmenschlichen Beziehungen neu verständlich und hochaktuell. Wir im auslaufenden jüdisch-christlichen Kulturkreis müssen auf Grund dieser Erkenntnisse sehr bescheiden werden. Ja, wir

---

[35] vgl. Schwarz, 2000, 2004 und 2007

müssen endlich darauf hören, worauf es dem wahren Gott bezüglich uns Menschen ankommt. Dazu bedarf es keiner Theologie. So, wie der Rückgriff auf wesentliche Aussagen des indischen und chinesischen Kulturkreises tangiert sind. Dabei wird sich zeigen, wie all deren wesentliche Aussagen schlichtweg verschüttet wurden und durch das neue Bewusstsein wieder aufzublühen vermögen.

2. Soziale Grundforderungen in einigen Weltkulturen

Der bisher vorgestellte Ansatz fordert geradezu auf, korrespondierende soziale Grundforderungen in grossen Weltkulturen aufzudecken. Dazu stellen sich folgende Fragen: Gibt es überhaupt derartige gemeinsame Grunderfordernisse? Um welche handelt es sich? Sind solche Gemeinsamkeiten auch über grosse räumliche und zeitliche Unterschiede festzustellen? Wenn ja, kann zusammen mit den neuen Erkenntnissen ein gemeinsames, über Raum und Zeit hinweg gültiges, grosses soziales Gesetz gefunden werden?

Um derartige Aussagen betrachten zu können und dabei nicht irgendwelchen Glossen und Beschönigungen aufzusitzen, sind ursprüngliche Texte in wahrhaften Übersetzungen herangezogen. Naheliegend ist zunächst, den jüdisch-christlichen Kulturkreis zu betrachten.

2.1. Der jüdisch-christliche Kulturkreis

Zur Geschichte: Gott gebietet Abram, der 2018 vor unserer Zeitrechnung geboren war, Ur zu verlassen. Angeführt von seinem Vater, dem Familienhaupt Terach, verlässt er mit seiner Frau Sarai und seinem Enkel Lot den Wohnsitz im Ur der Chaldäer und sie ziehen den Euphrat aufwärts nach Haran. Durch spätere Namensänderungen wurde Abram zu Abraham, seine Frau Sarai zu Sara.[36]

Ur liegt ca. 240 km südöstlich von Babylon und ist eine blühende Handelsmetropole an der drei Strömemündung Karun, Tigris und Euphrat des Persischen Golfes. Ausgrabungen lassen darauf schliessen, dass Abraham wohlbegütert ist und erhebliche materielle Opfer bringt, als er aus dieser Stadt auszieht. "In Ur ausgegrabene Ruinen, allem Anschein nach die Überreste von Privathäusern und (vermutlich aus der Zeit zwischen dem 20. und 16. Jahrhundert v.u.Zt.), lassen erkennen, dass die Häuser aus gebrannten Ziegeln gebaut, mit Mörtel verputzt und weiss getüncht waren und 13 bis 14 Räume und einen ge-

[36] vgl. Einsichten, Bd 1, S.36 ff

pflasterten Innenhof hatten. Unter den dort gefundenen Tontafeln waren einige, die für den Unterricht in Keilschrift verwendet wurden. Anderen ist zu entnehmen, dass die Schüler Multiplikations- und Divisionstabellen hatten und mit Quadrat- und Kubikwurzeln rechneten. Bei vielen der Tafeln handelt es sich um Geschäftsurkunden.".[37] Abraham ist also alles andere als ein 'Nomade'. Nach dem Tod seines Vaters Terach verlässt er Haran und zieht in Richtung Kanaan, das ihm lt. Vision gehören und aus ihm eine grosse Nation werden sollte. Zweifellos lebt er in dieser Gegend in fürstlichen Zelten. Seine Gross- und Kleinviehherden mehren sich zusehends und er teilt sich mit Lot die Gebiete. Lot wählt die Senke des unteren Jordanlaufes und lagert in der Nähe von Sodom. Abraham lässt sich in Hebron nahe Jerusalem nieder. Mit welch grosser Dienerschaft Abraham schliesslich ausgerüstet ist, zeigt die Rückeroberung Lots nach dessen Gefangennahme, als Abraham 318 seiner geübten Haussklaven aufbietet und Lot samt seiner geraubten Habe befreit.[38] Bei ihrer Übersiedlung nach Ägypten, die Joseph, ein Urenkel Abrahams als ägyptischer Statthalter bei Pharao bewirkt, erhalten die Hebräer von Pharao Wohn- und Arbeitsrecht und vermehren sich sehr.[39] Um diese Übervölkerung zu stoppen, erlässt ein Nachfolger Pharaos das Gesetz, die männlichen Säuglinge der Hebräer zu töten. Das ist die Zeit, in der Mose geboren wird. Seine Mutter setzt Mose als Säugling in einem Schilf nahe dem Pharaonenpalast aus. Dort wird er von der Tochter Pharaos gefunden und von dieser, zusammen mit seiner Mutter, am Hofe des Pharao aufgenommen. Mose wächst dort in all dem Wissen der damaligen Weltmacht Ägypten unter den klügsten Köpfen des Landes auf.[40] Mose hat eine hochrangige Stellung in Aussicht, würde er nicht das Elend seiner inzwischen ausgebeuteten Landsleute mit der Tötung eines Ägypters vergelten.[41]

Das zwingt ihn, in die Wüste zu fliehen. Dort erhält er nach 40 Jahren den Auftrag Gottes, sein Volk aus der ägyptischen Gefangenschaft herauszuführen - gegen den Willen des inzwischen regierenden Pharao.[42]

---

37 vgl. Einsichten, Bd. 2, S.1192 f

38 vgl. Einsichten, Bd. 1, S.36 f

39 vgl. 1. Mo 46 bis 47, 27

40 vgl. 2. Mo 1, 8-20 und 2, 1-10

41 vgl. 2. Mo 2, 11-15

42 vgl. 2.Mo 2, 23 bis 3, 6-10

2.1.1. Typisierung der zehn mosaischen Gebote

Während der Zeit des Auszuges aus Ägypten erhält Mose in der Wüste am Berg Sinai von Gott die zehn Gebote. Diese lassen sich in die ersten vier Gebote unterteilen, die das Verhältnis des Menschen zu Gott betreffen und die zunächst ausgeklammert seien. Die sechs weiteren lauten im Originaltext wie folgt:

5. Ehre deinen Vater und deine Mutter, auf dass deine Tage verlängert werden in dem Lande, das Jehova, dein Gott, dir gibt.
6. Du sollst nicht morden.
7. Du sollst nicht ehebrechen.
8. Du sollst nicht stehlen.
9. Du sollst kein falsches Zeugnis ablegen wider deinen Nächsten.
10. Du sollst nicht begehren deines Nächsten Haus, du sollst nicht begehren deines Nächsten Weib, noch seinen Knecht, noch seine Magd, noch sein Rind, noch seinen Esel, noch alles, was dein Nächster hat.[43]

2.1.1.1. Die sechs Gebote zwischenmenschlicher Beziehungen

Diese sechs Gebote lassen sich typisieren nach der Vermeidung zwischenmenschlicher Störungen bzw. nach dem Erhalt zwischenmenschlicher Harmonie.[44]

Das heisst, diese Gebote sind zunächst einmal die Warnung, derartige 'Rote Ampeln' im zwischenmenschlichen Bereich nicht zu überfahren, um nicht in erhebliche zwischenmenschliche Spannungen, Konflikte oder gar Tragödien zu gelangen. Wobei der Blickpunkt der Gebote 5 bis 9 auf der Täterschaft liegt. Bei dem letzten dieser sechs Gebote sind aber als Novum für die damalige Zeit die gedanklichen Begehrlichkeiten als letztliche Auslöser für die fünf vorgenannten Taten angesprochen. Mehr noch: Durch die weitere Festlegung von zum Teil drastischer Bestrafung im Falle von Übertretung der Gebote werden diese Gesetze mit zum staatsbildenden Grundgesetz für das jung entstehende Israel. Ein Beispiel: "Falls ein Mann einen Stier oder ein Schaf stehlen sollte und er es wirklich schlachtet oder es verkauft, soll er mit fünf (Stück) Grossvieh für den

---

[43] vgl. 2. Mo 20,1-17

[44] vgl. Schwarz (2007), S.115 ff

Stier und mit vier (Stück) Kleinvieh für das Schaf Ersatz leisten."[45] Eine Rechtssprechung, wie sie in Rechtsstaaten bis in unsere Zeit nach dem Prinzip 'Übertretung des Gesetzes - Täterermittlung - Bestrafungsform' übernommen ist, wenn auch heute in oft verwässerter Form, vgl. in der BRD das BGB und StGB.

Sind diese Gebote aus heutiger Sicht 'veraltet' oder sind es ursprünglich wahre Gesetze, die über alle Zeiten gültig sind und nur von dem 'modernen' Lebensstil verschüttet wurden? Schreiber nennt die Gebote in ihrer Kürze und Prägnanz 'die schiere Zumutung für unsere Talkshow- und Endlos-Debatten Kultur, in der am Ende doch keiner weiss, worauf es im Leben ankommt'.[46]

2.1.1.2. Veraltet oder verschüttet?

Wie mit den Gesetzen der psychischen Gravitation dargestellt, berücksichtigt der Mensch bei seinem Handeln die dadurch ausgelösten Reaktionen in den Mitmenschen ganz von selbst und ohne besonderes Dazutun. Anders formuliert, werden die psychischen Ereignisse durch diese Gesetze, insbesondere dem Gesetz der G-Einwirkung, normal auf das Vermeiden zwischenmenschlicher Störungen abgestimmt. Ein derartiges Handeln wirkt in ungestörten Ereignissen weiter, wie sie in Mitmenschen entstehen. Störende Ereignisse bewirken demgegenüber aber störende Ereignisse in den Mitmenschen.[47]

Dadurch werden die sechs Gebote ganz aktuell und modern. Wer das abstreitet, sehe sich diesbezüglich bei Rechtsanwälten und Gerichten um, die mit den sich häufenden Übertretungen dieser Roten Ampeln pro und contra ihrer Mandanten befasst sind. Hier zur gedanklichen Auffrischung je drei gerichtliche Vorgänge zu den sechs Geboten, wie sie heute alltäglich geworden sind.

2.1.1.2.1. Je drei Beispiele von heute

Wie täglichen Pressemeldungen zu entnehmen ist, handelt es sich bei polizeilichen Tatfeststellungen und deren gerichtlichen Verfolgung um Fälle, wie einige erwähnt seien.

---

45 vgl. 2.Mo 22,1

46 vgl. Schreiber (2010), S.26

47 vgl. Schwarz (2007) S.115 ff und S.163 f

Eltern:

a) Tötung der Eltern, um rascher den Hof zu erben.
b) Eltern werden schwer misshandelt und wegen mangelnder Sorgebereitschaft in ein Heim abgeschoben.
c) Verwitweter Elternteil wird wegen persönlicher Belastung in der Pflege vernachlässigt.

Mord:

a) Die Ehefrau beendet die Beziehung zu ihrem Mann, dieser tötet deswegen die Frau und ihre beiden gemeinsamen Kinder.
b) Die reiche Witwe wird von ihrem Freund ermordet, um an ihr Geld zu kommen.
c) Der langjährige Lebenspartner zieht wegen einer anderen Frau aus und wird von seiner bisherigen Partnerin erstochen.

Ehebruch:

a) Die 'Nebenluft' ihres Mannes löst den völligen Vertrauensbruch in seiner Ehefrau aus, die sich das Leben nimmt.
b) Partnerwechsel endet mit Tötung des Nebenbuhlers.
c) Dauerkonflikt und endloser Streit wegen Geld zerstört letztlich die Ehe.

Stehlen:

a) Entwendung von Bargeld und Schmuck durch Einbruch.
b) Entwendung eines Fahrzeuges.
c) Entwendung von Patenten und deren gesetzwidrige Verwendung.

Lügen:

a) Geschäftliche Vorteile werden durch Korruption und Schmiergelder erreicht.
b) Geschäftliche Abschlüsse durch Verheimlichen von nachteiligen Fakten.
c) Falsche Angaben gegenüber Behörden, Finanzamt usw. mindern Abgaben und Steuern.

Begehrlichkeiten sind letztlich die gedanklichen Auslöser zu o.g. Taten und weiteren Gesetzesbrüchen.

Durch die aufgezeigten Zusammenhänge aus den psychischen G-Gesetzen sind nicht nur die unmittelbar Betroffenen in Mitleidenschaft gezogen, sondern auch die jeweilig Involvierten leiden unter den störenden psychischen Ereignissen. So löst z.B. der Ehebruch zunächst starke psychische Störungen in den Ehepartnern aus. Daneben leiden als nächstes deren Kinder. Wie sinnlos die heute übliche Konflikt- und Streitbereitschaft wirkt, mag das Beispiel betroffener Kinder belegen. Wird vor der endgültigen Trennung dauernd zwischen den Eltern gestritten, wie reagieren die Kinder zwischen 4 und 10 Jahren, erheblich verstört, gegenüber ihren Eltern? "Ihr streitet ja schon wieder", mögen sie sich äussern, indem sie sich nach Ruhe und Frieden innerhalb der Familie sehnen. Ferner wirken sich derart unerfreuliche Ereignisse auf die übrigen engeren Bezugspersonen in Familie, Freundes- und Bekanntenkreis und oft auch auf beruflich tangierte Personen aus. Derartige Übertretungen zerstören, wenn sie sich häufen, das Vertrauen in die Mitmenschen. Aus sich häufenden Gesetzesübertretungen ergibt sich so über ganze Gruppen hinweg und schliesslich gesamtgesellschaftlich eine Hinnahme der Gesetzlosigkeit bis zur Gleichgültigkeit. Diese wird ergänzt und bestärkt von Gruppen, die sich spezifischer Kriminalität widmen, z.B. von Diebstahl- und Schlägerbanden, Drogenhandel u.a., was die 'Gemengelage' der Beobachter wiederum hin zur Herzlosigkeit verstärkt. Schliesslich hilft man selbst in extremen Notfällen nicht mehr und schaut weg. Da sind auch kaum Vorbilder, welche die Menschen neu aufzurichten vermögen. Hier liegt ein Problem für ein friedliches Zusammenleben der Menschen, dem im folgenden noch tiefer nachzugehen ist. Es geht dabei letztlich nicht um Partei-, Staats- und sonstige -Programme, sondern schlichtweg darum, den Grundsätzen des Zusammenlebens auf Grund der gefundenen psychischen Gesetze wieder zur Akzeptanz unter den Menschen zu verhelfen.

2.1.1.2.2. Der gestörte Friede zwischen den Menschen

Echter Friede zwischen Menschen kommt aus deren natürlicher Zuwendung ohne gleich immer einen Nutzen zu erwarten. Das heisst, die Beachtung der sechs zwischenmenschlichen Gebote bringt innere Ruhe und darus Frieden bei allen Interaktionen. Dabei ist bei dem letzten der Gebote zweierlei zu beachten. Der Friede, der entsteht, wenn die Begehrlichkeiten gegenüber Nächsten unmittelbar wegfallen und der Friede bei mittelbaren Entfallen derartiger Begehrlichkeiten. Wenn sich also der Einzelne nicht mehr zum Wettbewerber um das aufgefordert sieht, was dem Nächsten gehört. Beides sind Spielarten der Ichkultur.[48]

Derartigen Frieden zu erlangen, muss erlernt werden, was nicht immer leicht fällt, da die Menschen vor allem den Krieg lernen. Auch hierbei wirken die Gesetze der psychischen Gravitation, wie in Punkt 2.1.1.2.1. erwähnt. Und durch Jesaja sagt Gott treffend: "O wenn du doch nur meinen Geboten Aufmerksamkeit schenktest! Dann würde dein Frieden so werden wie ein Strom und deine Gerechtigkeit wie die Meereswellen." Anderseits aber: "Es gibt keinen Frieden ... für die Bösen."[49]

Das bedeutet aber keinesfalls einen Verzicht auf das tiefe Erleben von sinnlichem Begehren, sofern es z.B. in geordneten Bahnen in der Ehe abläuft. Entsprechend den psychischen G-Gesetzen bedeutet die volle körperliche Zuneigung, soweit sie zwischenmenschlich keine Störungen verursacht, tiefste geistige Erfüllung zwischen Menschen beiderlei Geschlechts. Dabei entstehen gewaltige Verankerungen zwischen beiden Menschen, die sich voll einander zuwenden. Friede im neuen Bewusstsein bedeutet also keinen Verzicht auf volles Erleben von natürlichem Begehren. Er erfordert nur, dass dies im Rahmen von Interaktionen stattfindet, die bei anderen keine Störungen bewirken. Wenn derartige VzR aufgelöst werden, wie das z.B. durch den Tod eines geliebten Partners der Fall ist, kommt es allerdings zu einem Riesenproblem. Damit gehen auch derartige Perioden inneren Friedens schlagartig zu Ende, wie in Punkt 4.3. behandelt.

Hierher gehört auch, die Würde eines Menschen in ihrer vereinenden Wirkung zu wahren. Was bedeutet, der persönlichen Würde erst mal wieder Inhalt und Qualität zu geben. Einen Menschen ausserhalb der Ehe zu 'verbrauchen', nimmt dessen Würde und dessen späteren gemeinsamen Partner das Recht darauf. Und wie viele werfen die Würde heute oft bereits im Kindesalter für nichts weg, weil sie es von ihren Eltern und dem Umfeld nicht anders wissen.[50] So entstehen Menschen, die ohne Respekt sich und anderen gegenüber aufwachsen und denen es in späterer Ehe bei kleinen Problemen nichts bedeutet, das Handtuch zu werfen. Aus den USA wird indes berichtet, arg verbrauchte Frauen lassen sich das Hymen rekonstruieren. Warum wohl?

Ein anderes Beispiel für inneren Frieden bestätigt der alte Spruch: "Ein gutes Gewissen ist ein sanftes Ruhekissen". Was nichts anderes bedeutet, als ungestörte Interaktionen bezüglich der sechs zwischenmenschlichen Gebote sind

---

48 vgl. 2. Mo 20,17

49 vgl. Jes. 48, 18 und 22

50 vgl. Schwarz (2007), S.217 ff

friedliche Erlebnisse mit den Nächsten. Und solche ereignen sich, wenn ohne Lüge, Trug, Verleumdung usw. mit den Menschen umgegangen wird.

2.1.2. Die Goldene Regel

Die sechs Gebote, vgl. Punkt 2.1.1., legen den Schwerpunkt auf die tatsächlichen Übertretungen der zwischenmenschlichen 'roten Ampeln'. Die Bergpredigt stellt hingegen auch die Abläufe der psychischen Aktionen vor dem Tathergang in den Vordergrund.

2.1.2.1. Die Bergpredigt

In der Bergpredigt werden die in Punkt 2.1.1. erläuterten sechs Gebote in einem Satz zusammengefasst: "Alles daher, was ihr wollt, dass euch die Menschen tun, sollt auch ihr ihnen ebenso tun;" und Jesus bestätigt die Zusammenfassung der sechs Gebote durch den Zusatz: "in der Tat, das ist es, was das GESETZ und die Propheten bedeuten."[51] Über die sechs Gebote hinaus heisst das zusätzlich, der Grossteil der ca. 600 ergänzenden mosaischen Einzelgesetze, was das zwischenmenschliche Verhalten betrifft, wird durch diese Aussage mit abgedeckt. Man denke nur an die Einzelgesetze zur Inzestverhütung, um vor weitreichenden psychischen Störungen in den familiären Beziehungen und zu aussenstehenden Bezugspersonen zu warnen und diese zu verhindern. Störungen, die z.B. Sigmund Freud bei sogenannten 'wilden' Volksstämmen nicht unmittelbar zu erklären vermochte.[52]

Das von Jesus zusammenfassend formulierte Gesetz fordert darüber hinaus, es in jeder Interaktion anzuwenden. Und nicht nur der konkrete Umgang mit den Menschen, sondern auch der gedankliche Hintergrund spielt nun eine tragende Rolle. So sagt die Bergpredigt: "Ihr habt gehört, dass gesagt wurde: 'Du sollst nicht ehebrechen.' Ich aber sage euch, dass jeder, der fortwährend eine Frau ansieht, um so in Leidenschaft zu ihr zu entbrennen, in seinem Herzen schon mit ihr Ehebruch begangen hat."[53] Sowie er an anderer Stelle betont: "...von innen, aus dem Herzen der Menschen, gehen schädliche Überlegungen hervor: Hure-

---

51 vgl. Matt. 7,12

52 vgl. Schwarz (2000), S.109 ff

53 vgl. Matt. 5, 27-28

reien, Diebstähle, Mordtaten, Ehebrüche, Taten der Habsucht, Bosheiten, Betrug, ein zügelloser Wandel, ein neidisches Auge, Lästerungen, Hochmut, Unvernunft. Alle diese bösen Dinge kommen von innen heraus und verunreinigen einen Menschen."[54] Die Gedanken, also die inneren Aktionen[55] sind es, die schliesslich derartige Taten auslösen.

Im Römerbrief wird ausführlich behandelt, wie die dargestellten psychischen Gesetze[56] auch in Nationen beachtet werden, denen das mosaische Gesetz nicht bekannt ist: "Denn wenn immer Menschen von den Nationen, die ohne (mosaisches) Gesetz sind, von Natur die Dinge des Gesetzes tun, so sind diese Menschen, obwohl sie ohne Gesetz sind, sich selbst ein Gesetz. Sie zeigen ja, dass ihnen der Inhalt des Gesetzes ins Herz geschrieben ist, wobei ihr Gewissen mitzeugt und sie inmitten ihrer eigenen Gedanken angeklagt oder auch entschuldigt werden."[57]

Das in der Bergpredigt zusammengefasste Gesetz wirkt also nicht nur, wenn die mosaischen sechs Gebote bekannt sind. Es wirkt entsprechend dem neuen Bewusstsein auch 'wie von selbst', wenn das mosaische Gesetz unbekannt ist. Und es erbringt, komplex abgestimmt mit Umfeld und Gewissen, das schliessliche Entscheiden und Handeln. Dabei spielt normal das Gewissen die wichtige Rolle einer Leitfunktion. Damals funktionierte das wohl noch, da allgemeine Grundsätze das Zusammenleben in den Nationen bestimmt haben mochten. Heute ist zunehmend festzustellen, wie sich das Gewissen spezifischen Gruppenverhalten anpasst und daher gruppenspezifisch funktioniert.

Trotzdem, der Mensch hat mit dem psychischen Gesetz der G-Einwirkung[58] eine wunderbare Gabe verfügbar. Er vermag zu Aktionen, die er gegenüber anderen beabsichtigt, im voraus deren Reaktionen abzuschätzen, vor allem seitens enger Bezugspersonen. Und das in deren voller Komplexität. Der Mensch ist dadurch in der Lage, sich friedefördernd gegenüber anderen zu verhalten. Und er kann so seinen inneren Frieden sichern. Eine Gabe, die in dieser Anwendung ebenfalls zunehmend weniger verwendet wird, denn sie ist von blankem Egoismus zugeschüttet und es herrschen Eigenschaften wie Streit, Zank, Groll usw. So bringt es auch nicht viel, die Sprache - noch dazu die reine Information - als Kommunikation von Menschen herauszustellen. Wird die erwähnte Gabe nicht positiv dabei eingesetzt, bleibt Sprache 'Schall und Rauch' und vermag Men-

---

54 vgl. Markus 7, 21-23

55 vgl. Schwarz (2000) S.73-74

56 vgl. Schwarz, (2007) S115ff

57 vgl. Römer 2, 14-15

58 vgl. Schwarz (2000), S.113

schen nicht innerlich einzunehmen. Den Vertretern der Konfliktbereitschaft sei gesagt, wie wenig förderlich doch diese Anschauung ist. Bereits die sechs mosaischen Gesetze versuchen warnend, psychische Störungen zu vermeiden, um den Menschen Frieden zu geben. Das Ziel, dem ursprünglich die psychischen G-Gesetze zustreben.

2.1.2.2. Soziales Denken und Handeln vermeidet zwischenmenschliche Probleme

Als Ergebnis der Betrachtung der sechs Gebote lässt sich zusammenfassen:

- Es handelt sich dabei stets um zwischenmenschliche Beziehungen.
- Für diese gilt ein 'Ampelgesetz', um zwischenmenschliche Störungen zu vermeiden. Das besagt, bei Grün sind die Interaktionen erlaubt und störungsfrei. Bei Orange sind mögliche Spannungen zu erwarten. Bei Rotschaltung ist voller Halt geboten mit schweren Störungen in Folge von Übertretung.
- Das Ampelgesetz ist voll bestätigt durch die Erkenntnis der psychischen Gravitationsgesetze. Das bedeutet, wird gegen die zwischenmenschlichen Beziehungen verstossen, kommt es tatsächlich zu schwerwiegenden Störungen in den psychischen G-Feldern der Beteiligten und deren engere Bezugspersonen. Es handelt sich bei 'Rot' insgesamt um einen Rahmen von Mindestanforderungen im Umgang mit Menschen, die nicht übertreten werden können, ohne schwerwiegende psychische Störungen im zwischenmenschlichen Bereich auszulösen.
- Diese Mindestanforderungen in einem Satz zusammengefasst lautet gemäss Bergpredigt: "Alles daher, was ihr wollt, dass die Menschen euch tun, sollt auch ihr ihnen ebenso tun." Diese Goldene Regel umfasst die gesamte Bandbreite zwischenmenschlichen Handelns und lautet entsprechend neuer Erkenntnis: "Um Störungen in eigenen G-Feldern zu vermeiden, vermeide auch solche bei deinen Mitmenschen."
- War es im alten Israel besonders die tatsächliche Übertretung des Gesetzes, die unter strenger Strafe stand, markiert die Bergpredigt die vorausgehenden Gedanken (innere Aktionen) bereits als Übertretung. Diese beginnen für den Menschen, indem sie gedanklich die Tat durchspielen und sie dadurch mit zunehmender Begierde möglicherweise

auslösen. Bei einem derartigen gedankliche Vorgriff auf die Tat löst das Gewissen normalerweise die rechtzeitige Blockade entsprechend den psychischen G-Gesetzen aus. Die Tat wird dadurch bereits wegen der auftretenden gedanklichen Störungen vermieden.

- Die Goldene Regel: "Alles daher, was ihr wollt, dass euch die Menschen tun, sollt auch ihr ihnen ebenso tun" ist demnach das grosse soziale Gesetz, das über alle Generationen im jüdisch-christlichen Kulturbereich besteht. Es handelt sich dabei aber um ein allgemeines Reglement, um zwischenmenschliche Störungen zu vermeiden. Als solches wäre dessen Durchsetzung allerdings weitreichend genug.

Stellt sich die Frage, ob das grosse soziale Gesetz lediglich für den jüdisch-christlichen Kulturbereich gilt.

2.2. Die Lehre Buddhas

Über den Lebenslauf Buddhas gibt es keine unmittelbare Niederschrift. Es gibt aber Berichte, die im Kern zweifellos auf solche zurückgehen. Die Kernaussage Buddhas wird aber manch einen, der heute vermeint, dem Buddhismus anzugehören, ob der klaren Anforderungen aufhorchen lassen.

"Fest steht, dass Buddha um das Jahr 560 v. Chr. geboren wurde als Sohn des Fürsten (oder Königs) von Kapilavastu, eines kleinen Landes unmittelbar südlich des Himalaya-Gebirges. Der Name des Königs war Schuddhodhana, der des Geschlechts Schakya, der Beiname Gautama. Der Sohn erhielt den Namen Siddharta, das heisst 'Der sein Ziel erreicht hat'. ...Den Namen Buddha, das heisst 'Der Erleuchtete', hat er selbst verwendet, allerdings erst, nachdem ihm die Erleuchtung zuteil geworden war."[59]

Nach seines Vaters Willen sollte er von dem Elend unter den Menschen ferngehalten und als sein Nachfolger im Herrscheramt erzogen werden. Buddha erlebt jedoch ausserhalb des Hofes das Elend von Alter, Krankheit, Leid und Tod an Menschen. Er verlässt Frau und Sohn und zieht sich in Askese zurück 'bis zur Erleuchtung'. Er merkt, dass Verlust des Körpergewichtes nicht weiterhilft und sieht nur die Erleuchtung als echte Zielsetzung. So geschieht es, dass er schliesslich in einer Vision den ewigen Kreislauf schaut, in dem alle Wesen geboren werden, sterben und von neuem geboren werden. Um diesen Kreislauf zu durchbrechen, kommt er auf die vier heiligen Wahrheiten:

---

59 vgl. Störig (1952), S.31 und Deussen (1906), S.126

"Alles Leben ist Leiden. Alles Leiden hat seine Ursache in der Begierde, im 'Durst'; die Aufhebung dieser Begierde führt zur Aufhebung des Leidens, zur Unterbrechung der Kette der Wiedergeburten. Der Weg zu dieser Befreiung ist der heilige achtteilige Pfad, der da heisst rechtes Glauben, rechtes Denken, rechtes Reden, rechtes Handeln, rechtes Leben, rechtes Streben, rechtes Gedenken, rechtes Sich-Versenken."[60]

So wird er nach siebenjährigen Nachsinnen zum Erleuchteten, der nun bis zum 80. Lebensjahr den Menschen darüber predigt. Erklären sich in Buddhas Seinslehre die Dharma als letzte kleine Wesenheiten aus denen sich alles Sein momentübergreifend zusammensetzt und stellt man diese der heutigen Ereignistheorie in Raum und Zeit gegenüber, ist die Dharmalehre ein sehr modern anmutender Ansatz. Ähnlich modern bezüglich der Psychologie des neuen Bewusstseins mutet das 'Rad des Lebens' an, was das menschliche Begehren und Verhaftetsein daran betrifft. Nur wird sich das neue Bewusstsein nicht wie der Buddhismus als einzige grosse Verneinung erweisen, wie noch darzustellen ist. Besteht doch im Buddhismus kein Gott. Und das Individuum besteht durch das Rad des Lebens nicht weiter wegen der steten Veränderungen aus der Dharmalehre. Es gibt daher keine persönliche 'Erlösung' sondern günstigen Falles die 'Auflösung' im Nirwana.

2.2.1. Die Gebote Buddhas

"Als Buddha gebeten wird, seine Auffassung vom gerechten Lebenswandel, der zum Heil führt, auf eine kurze Formel zu bringen, stellt er folgende fünf Gebote auf:

1. Töte kein Lebewesen.
2. Nimm nicht, was dir nicht gegeben.
3. Sprich nicht die Unwahrheit.
4. Trinke keine berauschenden Getränke.
5. Sei nicht unkeusch."[61]

Berücksichtigt man die Seinslehre Buddhas, so erfüllen diese fünf Gebote den Inhalt der mosaischen sechs Gebote, vgl. Punkt 2.1.1.

---

60 vgl. Störig (1952), S.32

61 vgl. Störig (1952), S.38 und Durant (1906), S.171

So betrifft Buddhas 1. Gebot, nicht zu töten, nicht nur Mitmenschen sondern Lebewesen, wie sie entsprechend der Lehrmeinung von Buddha nach dem Lebensrad zu entstehen vermögen. Wohingegen das Gebot Mose, Menschen nicht zu ermorden, ausschliesslich auf das zwischenmenschliche bezogen bleibt.

Das 2. Gebot Buddhas entspricht unmittelbar dem mosaischen Gebot, nicht zu nehmen (stehlen), was dir nicht gegeben. Ebenso entspricht das 3. Gebot Buddhas dem mosaischen Gebot, nicht 'falsch Zeugnis zu geben'. Das 4. Gebot Buddhas, keine berauschenden Getränke zu trinken, kommt ebenfalls dem Gebot Mose nahe, nicht zu begehren... . Lösen doch Alkohol und Drogen, auch als 'Mischgetränke', erhebliche zwischenmenschliche Begehrlichkeiten und damit Störungen aus. Das 5. Gebot Buddhas umfasst nicht nur den Ehebruch, wie das mosaische Gebot, sondern allen - auch im weiteren mosaischen Gesetz ebenfalls dargestellten ausserehelichen Geschlechtsverkehr. Als da sind: Hurerei, Homosexualität, Inzest, Simonie, was auch in den apostolischen Briefen gefordert wird.[62]

In einem Satz zusammengefasst ergibt sich aus den fünf Geboten Buddhas das in der Bergpredigt aufgestellte eine grosse soziale Gesetz: "Alles daher, was ihr wollt, dass euch die Menschen tun, sollt auch ihr ihnen ebenso tun." Bestärkt wird diese Einstellung durch das unerbittliche Sittengesetz, welches nach dem Grundsatz von Ursache und Wirkung das Karma des Einzelnen bewirkt.[63] Eine sittliche Weltordnung, die entsprechend Denken und Handeln - ohne göttliches Urteil - über die weitere Wesensform nach dem Lebensrad entscheidet.

Dazu erheben sich doch einige Fragen. Zwar sind im ursprünglichen Buddhismus durch die fünf Gebote zwischenmenschliche Verpflichtungen gegeben. Darüber hinaus ist dem Menschen aber die grosse Glückseligkeit nur bei völliger Leere des Begehrens zuteil. Der von Buddha aufgezeigte innere Friede ist ein 'Erstarren' von i.R. Bewegungen nach dem neuen Bewusstsein. Das würde bedeuten, der Mensch habe auch keine positiven i.R. Bewegungen und entsprechend reduzierter Energie-Masse-Verhältnisse also keine Freude, keine Liebe, kein Mitgefühl usw. Das wäre eine 'vereiste' Situation über das gesamte Leben, wie in Gedankenexperimenten angenommen, vgl Punkt 1.3. f. Wo bleiben die echten zwischenmenschlichen Höhepunkte im neuen Bewusstsein? Z.B. bei geordneten geschlechtlichen Kontakt von Eheleuten? Wo die tiefe Freude bei gelungenen Treffen im Freundeskreis? Genial ist die Idee des Weltgesetzes, sprich das Sittengesetz. Aber auch dazu der Einwand, es besteht zwar das Gesetz im

62 vgl. 1. Kor. 6,9

63 vgl. Störig (1952), S.35

Universum und in dem neuen Bewusstsein wie dargestellt, vgl. Punkt 1.3. ff. Dieses Gesetz wirkt aber im Bewusstsein nicht nur entsprechend der gültigen Moral, sondern ebenso im 'Bösen', wenn es von dem Umfeld und einer obersten Instanz nicht gezähmt wird. Die Frage erhebt sich, wer oder was bestimmt dann, was Gut und Böse ist?

Wer oder was bewirkt die Massstäbe für das Karma, wenn keine göttliche Aufsicht gegeben ist? Ob selbst das grosse soziale Gesetz, das ebenso wie die bisher isoliert betrachteten sechs Gebote Mose, vgl. Punkt 2.1.2., die zwischenmenschlichen Abläufe zu stabilisieren vermögen, ist die Frage. Inwieweit das grosse soziale Gesetz für sich gesehen gegen die Verschiebungen des menschlichen Verhaltens Bestand hat, wird noch zu untersuchen sein. Sprich, ob es ohne Gott bestehen kann, ist die Frage. Wie in jüngster Vergangenheit erlebt, wenn keine göttliche moralische Instanz als gegeben angesehen wird, gibt es zunehmenden Zerfall in spezielle Gruppen, auch solche der Unmoral bis hin zur Unmenschlichkeit und die Menschen haben nicht einmal ein schlechtes Gewissen während ihres Treibens.

Ferner werden von Buddha bestimmte Grundfragen nicht gestellt, z.B. woher kommt der Mensch und was soll die Menschheit schliesslich? Nur auf alles zu verzichten, um inneren Frieden zu haben? Wie noch darzustellen, ist dieser im neuen Bewusstsein auf ganz andere Weise zu haben. Und: ist der Mensch denn Alles?

Gerade wenn der von Buddha geforderte Zustand von allen Menschen erreicht würde, erhebt sich die Frage nach dem letzten Effekt dieser Forderung. Er würde schlichtweg bedeuten, die Erde wäre schliesslich ohne Lebewesen, weil diese sich in Nirwana, also in Nichtsein und in eine von Menschen angenommene Gottheit, aufgelöst hätten. Keine sonderliche Aussicht für das Bestehen der Menschheit und wohl kein förderlicher Gedanke für die Zukunft des Einzelnen auf der Erde.

2.3. Die Lehren von Konfuzius und Lao Tse

2.3.1. Die Goldene Regel bei Konfuzius

"Konfuzius, der einflussreichste chinesische Denker und wahrscheinlich der einflussreichste aller Philosophen, die je gelebt haben, wurde 551 v. Chr. im Fürstentum Lu (in der heutigen Provinz Schantung) geboren. Er entstammte dem damals schon alten adeligen Geschlecht der Kung, ... Sein chinesischer Name lautet Kung-fu-tse, das heisst 'der Meister aus dem Geschlecht Kung'. Konfuzius ist eine von Europäern eingeführte latinisierte Form dieses Namens."[64]

Konfuzius hat das grosse Verdienst, die ältesten Überlieferungen des chinesischen Kulturkreises gesammelt ..."und für die Nachwelt bewahrt zu haben."[65] "Der hervorragende Zug in der Philosophie des Konfuzius ..., ist das Hingewandtsein auf den Menschen und auf das praktische Leben."[66] "An unbedingt erster Stelle steht jedenfalls für ihn die Wohlfahrt des Menschen."[67] Und so sieht er den Menschen nie als isolierten Einzelnen, sondern stets in natürlichem Zusammenhang von Familie, Gesellschaft und Staat. Eine Ethik also, die zugleich Gesellschaftslehre ist (vgl. Schwarz, 2007). Als Ideal erscheint ihm der abgeklärte, Welt und Menschen kennende und in allem das richtige Mass haltende Weise. Über die vollkommene Tugend befragt antwortet er mit der Goldenen Regel: "Was du selbst nicht wünscht, tu nicht den andern!"[68]

In einer "...Zeit des drohenden oder bereits eingerissenen moralischen Verfalls erhebt Konfuzius seine Stimme und ruft sein Volk und seine Herrscher in erhabenem Ernst zur Rückkehr zu den bewährten und uralten Grundsätzen seiner gesellschaftlichen Ordnung. Der Kern seiner Lehre ist in der folgenden berühmten Stelle aus der 'Grossen Wissenschaft' ausgesprochen: 'Wenn die Alten die lichte Tugend offenbar machen wollten im Reiche, ordneten sie zuvor ihren Staat; wenn sie den Staat ordnen wollten, regelten sie zuvor ihr Hauswesen; wenn sie ihr Hauswesen regeln wollten, vervollkommneten sie zuvor ihre eigene Person; wenn sie ihre eigene Person vervollkommnen wollten, machten sie zuvor ihr Herz rechtschaffen; wenn sie ihr Herz rechtschaffen machen wollten, machten sie zuvor ihre Gedanken wahrhaftig; wenn sie ihre Gedanken wahrhaftig machen wollten, vervollständigten sie zuvor ihr Wissen.'[69]

Konfuzius stellt so auf geniale Weise den Zusammenhang von Individuum, Gesellschaft und Staat dar. Erst in der Soziologie des 20ten Jahrhunderts unserer Zeitrechnung verweist Max Weber wieder mit seiner Forderung auf diesen Zusammenhang: "Die Soziologie muss versuchen, Handlungen vom Standpunkt des Akteurs zu verstehen, d.h. über das objektiv beobachtete Verhalten hinaus die subjektiven Gedanken und Gefühle zu analysieren, die den einzelnen Hand-

64 vgl. Störig (1952), S.64
65 vgl. Störig (1952), S.65
66 vgl. Störig (1952), S.67
67 vgl. Störig (1952), S.68
68 vgl. Störig (1952), S.69
69 vgl. Störig (1952), S.69 und Deussen (1906), Bd.1, 3, S.690

lungen zugrunde liegen."[70]

Dazu wird immer noch nach dem einheitlichen Theoriekern in der Soziologie gesucht. Ein Unterfangen, das sich unter dem Einfluss westlicher Philosophie als schwierig erweist.[71]

Konfuzius verweist ferner darauf, wie die Ordnung des Staates aus der Ordnung des Denkens in den einzelnen Menschen resultiert. Nicht nur der Ordnung des Denkens der Individuen sondern auch jener der Regierenden. Und er besteht auf Anstand und Sitte, die jeder zu lernen und auszuüben habe. Und Konfuzius erhebt diese Forderungen zu ihrer Krönung in dem erwähnten grossen sozialen Gesetz: "Was du selbst nicht wünscht, tu nicht den anderen." Wie bei Buddha, steht diese Goldene Regel bei Konfuzius ohne Gott. Das Problem war, mit dem Tod eines diese Regel stabilisierenden Regenten waren auch dessen Pläne und Vorhaben vergangen. Neue Regenten mussten mit neuen Plänen zu unvorhersehbarem Verhalten des Volkes führen. Wie bei Buddha war dauerhaft keine oberste Instanz gegeben, um das Verhalten der Menschen im Staat zu stabilisieren.

2.3.2. Vorbild und Verhalten bei Lao Tse

"Lao Tse war ein Mann aus dem Dorfe Kü-dschen, Bezirk Li, Kreis Ku im Lehenstaat Tschou. Sein Familienname war Li (Lao Tse ist ein später aufgenommener Beiname, er bedeutet 'der alte Meister'), sein Rufname Ri, sein Mannesname Poh-yang, sein posthumer Ehrentitel Tan. Er war Geschichtsschreiber des Staatsarchivs im Staate Tschou."[72] Seine Geburt wird um das Jahr 600 v. Chr. angenommen. "Lange lebte er in Tschou. Er sah den Verfall von Tschou und zog davon. Er zog an den Grenzpass. Der Passaufseher Yin Hi sprach: 'Ich sehe, Herr, dass du in die Einsamkeit gehen willst; ich bitte dich um meinetwillen, schreibe deine Gedanken in einem Buche nieder.' Und Lao Tse schrieb ein Buch, bestehend aus zwei Abschnitten in fünftausend und einigen Wörtern, welches von Tao und der Tugend handelt. Dann zog er von dannen. Niemand weiss, wo er geendet hat. Dieser Grenzwächter hat um die Geschichte der Philosophie ungefähr das gleiche Verdienst wie Lao Tse selbst. Hätte nicht er den Meister zur Niederschrift seiner Gedanken genötigt, so wäre die Literatur der Welt um

70 vgl. Schwarz (2007), S.187 ff
71 vgl. Schwarz (2007), S. 9ff und 203 ff
72 vgl. Störig (1952), S.71

eines ihrer erhabensten Bücher ärmer, und die Gedanken eines der grössten Weisen aller Zeiten und Völker wären in ihm verschlossen geblieben, ohne der Nachwelt eine Spur zu hinterlassen. ... Wenn man einmal den utopischen Gedanken erwägt, dass alle je gedruckten Bücher der Vernichtung anheimgegeben würden bis auf drei, und man selbst die Wahl hätte, die drei zu bewahrenden zu bestimmen, so sollte das Tao-te King, das Buch des alten Meisters vom Weg und der Tugend, zu ihnen gehören."[73]

"Der Begriff Tao als Weg oder Gesetz des Himmels kommt schon in der älteren chinesischen Reichsreligion vor..."[74] "Tao ist der im Grunde unfassliche Urgrund der Welt. Er ist das Gesetz aller Gesetze, das Mass aller Masse. ... Der Mensch richtet sich nach dem Masse der Erde, die Erde nach dem Masse des Himmels, der Himmel nach dem Masse des Tao, das Tao nach dem Masse seiner selbst." Und: "Das ewige Tao hat keinen Namen, Tao ist verborgen, namenlos. Ich weiss seinen Namen nicht, nenne es aber Tao." Und: "Können wir auch das Tao nicht eigentlich greifen und erkennen, so können wir seiner doch inne werden indem wir demütig und hingegeben sein Walten in den Gesetzen der Natur und des Weltablaufes erfühlen und zum Richtmass auch unseres menschlichen Lebens machen."[75]

Lao Tse lehrt aber keine Askese oder Weltflucht. "Er strebt, und das ist ein Grundzug allen chinesischen Denkens, nach der rechten Mitte. ... Der Mensch soll in der Welt stehen und wirken, aber so, dass er zugleich innerlich gleichsam 'nicht von dieser Welt ist'."[76]

Lao Tse verfügt damit über die geniale Erkenntnis des physikalischen und psychischen Gravitationsgesetzes. Das Gesetz der psychischen G-Einwirkung (vgl. Punkt 1.3. f) geht unmittelbar aus den folgend geschilderten Interaktionen hervor.[77]

Lao Tse: "Den Guten behandle ich gut, und den Nicht-Guten behandle ich auch gut, so erlangt er Güte. Den Wahrhaftigen behandle ich wahrhaftig, und den Nicht-Wahrhaftigen behandle ich auch wahrhaftig, und so erlangt er Wahrhaftigkeit."[78]

Lao Tse kennt auch die G-Einwirkung in Gesellschaft und Staat.[79] "Wirken

---

73 vgl. Störig (1952), S.72
74 vgl. Störig (1952), S.72
75 vgl. Störig (1952), S.73
76 vgl. Störig (1952). S.73
77 vgl. Schwarz, (2000) S.113 und (2007) S.192 ff
78 vgl. Störig (1952), S.74
79 vgl. Schwarz (2007), S.192 ff

durch Nicht-Tun, durch anstrengungsloses, gelöstes Ruhen im Tao, ist das Gebot nicht nur für den Weisen, sondern auch für den Regierenden. Ohne viel Worte, ohne viel Gesetze, Ge- und Verbote, nur durch die Ausstrahlung seines eigenen ruhevollen und tugendhaften Seins soll der Herrscher regieren. Je mehr Verbote es gibt im Reiche, desto ärmer wird das Volk. Je mehr Mittel zum Gewinn das Volk hat, desto mehr geraten Staaten und Familien in Verwirrung. Je erfinderischer und schlauer die Menschen sind, desto mehr listige Dinge kommen auf. Je mehr Gesetze und Erlasse verkündet werden, um so mehr Räuber und Diebe gibt es. Darum sagt der vollkommene Mensch: Ich wirke nicht, und das Volk wandelt sich von selbst, ich liebe die Stille, und das Volk wird von selber reich; ich habe keine Wünsche, und das Volk wird von selber ursprünglich einfach ... ."[80]

Lao Tse weiter: "So wie der Weise in seiner Person, soll der Fürst das Tao im ganzen Reiche zur Herrschaft bringen. 'Wenn Fürsten und Könige die Schlichtheit des Tao zu bewahren wüssten, alle Wesen würden von selbst huldigen, Himmel und Erde würden sich vereinigen, erquickenden Tau herabsenken; niemand würde dem Volke gebieten, und es würde von selbst das Rechte tun.' "[81] Zu dieser Aussage Lao Tses werden die mildesten Reaktionen in unserer leistungs- und medienüberhasteten Zeit in Kopfschütteln bestehen. Lao Tse beschreibt hier den Menschen, der weitgehend frei von 'Fremdeinflüssen' in seinen Interaktionen steht, wie sie unbeeinflusst aus dem Gesetz der G-Einwirkung resultieren. Bei nochmaligen Lesen erkennt man, wie sehr wir heute in unserer Meinung, Weltanschauung und schliesslicher Handlung beeinflusst werden von politischen Parteien, paritätischen Verbänden und zeit- und länderübergreifenden wirtschaftlichen und sonstigen Interessen.

Stellt sich die Frage, ist es einem Feingeist wie Lao Tse verwehrt, die negative Anwendung des Gesetzes der G-Einwirkung zu erkennen - oder schweigt er darüber? Wie in seiner Zeit bis in unsere Tage zu beobachten, richten sich Gesellschaft und ganze Staaten wie von selbst nach negativen Zielvorgaben von Regierungen aus. Und das in raschem Wechsel. Dabei kommt es immer wieder zu regelrechten Exzessen gegen Länder, Minoritäten und insgesamt gegen die Grundsätze der Menschlichkeit.

---

80 vgl. Störig (1952), S.75 und Durant (o.J.), Osten, S.699

81 vgl. Störig, (1952), S.76 und Deussen (1906), S.705

2.4. Gleiche Forderungen an das soziale Verhalten aus Sicht des neuen Bewusstseins

Bezüglich der erstaunlichen Gleichheit des grossen sozialen Gesetzes ereifern sich Fachleute darüber, wer wohl der 'Erste' war und wer womöglich vom anderen 'abgekupfert' habe. Eine Überlegung, die nicht sonderlich rühmlich ist für jene, die sie anstellen. Selbst wenn eine derartige Information zu Menschen mit 'Kopf' dringen würde, wird sie von solchen nicht weitergegeben, ohne vorher aus ihrer Kenntnis voll abgeprüft zu sein. Dazu sind die genannten Grössen viel zu hervorragend in ihrem Wissen um die Zusammenhänge. Und bezüglich China handelt es sich beispielsweise um einen relativ abgetrennten Kulturraum, bis Marco Polo ihn erreichte, also etwa zweitausend Jahre nach dem Wirken von Konfuzius und Lao Tse.

Andere Stimmen sagen, Mose habe die vor ihm verfassten Gesetze Hammurabis bezüglich des Erhalts der Ehe, dem Entwenden von Eigentum u.a. übernommen. Hier hätten tatsächlich Verbindungen in diesen frühen Kulturen bestehen können. Das kann weder für noch gegen benannt werden.

Sicher ist eines: es müssen keine Verbindungen bezüglich der gleichen Aussage bestanden haben, weil über alle Zeiten und Kulturen die Gesetze der menschlichen Psyche bestanden und in aller Zukunft weiter bestehen.[82] Ein tiefes Nachsinnen wird also zu allen Zeiten und allenorts das grosse soziale Gesetz erbringen.

2.4.1. Das grosse soziale Gesetz im neuen Menschenbild

Das grosse soziale Gesetz steht ja unmittelbar in Zusammenhang mit den psychischen G-Feldgesetzen, insbesondere der G-Einwirkung (vgl. Punkt 1.3. f). Mit der Forderung: "Alles daher, was ihr wollt, dass euch die Menschen tun, sollt auch ihr ihnen ebenso tun" schliesst es die negativen Handlungen aus. Wie aber festzustellen ist, hat dessen blosse Kenntnis wenig Positives gebracht. Man verfolge nur die Zeit von dessen Formulierung und dem weiteren Verlauf der Gesellschaften und Staaten. Das bedeutet, die Kenntnis der psychischen G-Gesetze wird in den künftigen Gesellschaften und Staaten das grosse soziale Gesetz massgeblich zu unterstützen vermögen. Ob beides zusammen dauerhafte positive Wirkung zeigen wird, muss sich erweisen und hängt mit von der gesell-

---

[82] vgl. Schwarz (2000) und (2007)

schaftlichen und staatlichen Durchdringung ab. Sicher aber hängt es davon ab, ob in den künftigen Gesellschaften und Staaten eine andauernde absolute Instanz anerkannt wird, die über deren positive Verwirklichung befindet.

Zusammenfassend ist zu sagen: Das grosse soziale Gesetz steht als Quintessenz menschlichen Zusammenlebens in grossen Weltkulturen.

Ergänzt wird es durch Sittengesetze und den psychischen Gravitationsgesetzen mit dem gemeinsamen Ziel, die zwischenmenschlichen Begegnungen störungsfrei zu halten.

Erhebt sich die Frage, warum der missliche Zustand zwischen Menschen anhält? Warum sind grossartige Gebote und Gesetze für sich nicht in der Lage, die Menschen zu positiven Interaktionen zu lenken? Fehlt tatsächlich der echte Bezug zu einer obersten Instanz und warum? Und wie ist er herzustellen?

3. Mensch und Gott, eine psychologisch-soziologische Betrachtung

Das ganze Sein in Physik und Psyche ist als raumzeitliche Abfolge von Ereignissen erklärt, die bei unterschiedlichen Dimensionen gleichen Gesetzen unterliegen. Diese einander entsprechenden Gesetze von Energie und Materie einerseits und von Energie und neuen Bewusstsein anderseits (vgl. Punkt 1.) schliessen einen Zufall aus.

Da auf den bislang vermeintlichen menschlichen Verstand verzichtet zu werden vermag, dreht sich zugleich die gesamte sogenannte 'Welt der Erkenntnis'.

Da Gott von der westlichen 'Verstandes-Philosophie' in die Metaphysik hinausgeschafft (Kant) und schliesslich für tot erklärt wurde (Nietzsche), kreierte Darwin die Evolution.

Mit dem Erkennen, es gibt weder Verstand noch beherrschenden Instinkt, brechen die Gott leugnenden Theorien zusammen und Gott kehrt real in unsere Vorstellungswelt zurück.

Interessanterweise wird diese Erkenntnis derzeit begleitet von massiven wissenschaftlichen Angriffen auf die Evolutionstheorie, zu welchen nur vier Fragenkomplexe genannt seien:

- Wie werden unbelebte chemische Substanzen zu lebendigen Zellen ? Und gibt es einen Labornachweis der Entstehung von Leben?
- Wie entstehen und werden in den Genen die Baupläne für die Lebewesen festgelegt?
- Gibt es den evolutionären 'Stammbaum' des Lebens, wenn nicht, wie entstanden, in den Sedimenten nachweisbar, die Arten?
- Woher stammen die physikalischen Gesetze, wie sie im Universum und die psychischen Gesetze, wie sie im neuen Bewusstsein gleichsam wirken?

Bereits in den 1980er Jahren brachte der Biologe J.R. Durant das Problem der

Evolutionstheorie auf den Punkt: "Viele Wissenschaftler erliegen der Versuchung, dogmatisch zu sein, ... immer wieder wird die Frage nach dem Ursprung der Arten so behandelt, als sei sie endgültig erledigt. Nichts könnte von der Wahrheit weiter entfernt sein."[83] Solange die o.g. und viele weitere Fragen wissenschaftlich nicht klar beantwortet sind - und das ist wohl in aller Zukunft so - ist es recht, Gott wieder als den Schöpfer zu bekennen.

Bezüglich dem wahren Schöpfer ist jedoch dieselbe Vorsicht geboten. Auch hier liegen völlige Abweichungen in den Vorstellungen vor, die über ihn verbreitet werden - und viel Dogmatik auch hierzu. So hat man vermeintlichen Glauben und vermeintliches Wissen zu den beiden Seiten einer Windfahne gemacht, die sich munter auf den Kirchtürmen drehte, bis die irritierten Menschen begannen, sich anderen geistigen Räumen zuzuwenden.

Thomas Luckmann diesbezüglich: "Dass stillschweigende Annahmen faktisch die Funktion einer Theorie übernehmen, kann man schwerlich als legitim erachten, dass sie - zu einer wissenschaftlichen Ideologie versteinert - den vorurteilsfreien Blick auf das Problem der Religion in der modernen Gesellschaft verstellen. ... Die wichtigste Annahme - die auch die schwerwiegendsten Folgen für die Forschung und Theorie der Religionssoziologie hat - besteht in der Gleichsetzung von Kirche und Religion." Und: "Nimmt die Religionssoziologie unkritisch erst einmal wie selbstverständlich an, dass Kirche und Religion dasselbe seien, so beraubt sie sich selbst ihres wichtigsten Problems. Sie hat die Frage im voraus entschieden, ob in der modernen Gesellschaft andere sozial objektivierte Sinnstrukturen als die der traditionellen institutionalisierten religiösen Dogmen die Funktion der Integration alltäglicher Routinen und der Legitimation ihrer Krisen erfüllen. Sie versäumt es deshalb, sich mit den wichtigsten, wesentlich religiösen Aspekten der Verortung des einzelnen in der Gesellschaft auseinanderzusetzen."[84]

3.1. Was im Menschen bei dieser Beziehung vor sich geht

Welche Eigenschaften der wahre Gott aufweist, ist in seinen inspirierten Briefen an uns Menschen zu finden. Er ist:

---

83 vgl. John R. Durant (1980), S.15

84 vgl. Luckmann (1991), S.55 und 61

- Der Gott der Liebe und des Friedens;
- Der Gott der Harmonie
- Der Gott der Ordnung;

und hat - was viele nicht wissen - einen Namen, der etwa siebentausendmal in den Originaltexten der Bibel aufgezeichnet ist.[85] Jehova bzw. Jahwe ist damit unverwechselbar. Und er verändert sich nicht in seinen o.g. Wesensmerkmalen obwohl er sich - entsprechend seinem Namen - zur Durchsetzung seines Plan- und Zeitrahmens an die zu lösenden Probleme anpasst.[86] Wobei die Vorstellung über Jehova im neuen Bewusstsein des Menschen unterschiedlicher Bewertung bei komplexen gesamtpsychischen Folgen zu unterliegen vermag (vgl. Punkt 1).

So verstehen sich nun die ersten vier der zehn Gebote, die in Punkt 2.1. zunächst ausgeklammert waren. Es handelt sich im wesentlichen und zusammengefasst um folgende Aufforderungen des wahren Gottes:

- Jehova, der alleinige Schöpfergott, fordert ausschliessliche Ergebenheit, der keine anderen erdachten Götter oder bildhafte Götzen duldet;
- Jehova bestraft die ihn hassen und seinen Namen entehren. Gegenüber denen, die ihn lieben und seine Gebote halten, übt er liebende Güte.[87]

Nun ergibt die Verbindung der vier mit den sechs Geboten ein Standardverhalten, das in Gesellschaften wirkt, in welchen das Zusammenleben von einer übergeordneten Macht geformt ist. Das psychische Gesetz der G-Einwirkung (vgl. Punkt 1.4.) ist dann gleich wirksam, ob es sich um die Bindung an den wahren Gott, an Götter von Menschen erdacht, oder aber an ein Totem bei Eingeborenen handelt.[88] Daher die o.g. Warnung des wahren Gottes zu ausschliesslicher Ergebenheit. Das bedeutet, die Gesetze des wahren Gottes zeigen zwar eine Hürde für zwischenmenschliches Verhalten auf. Ob und zu welchem Grad diese beachtet wird, hängt jedoch mit von der Bindung des Einzelnen an Gott in der jeweiligen Gesellschaft ab. Und was der Einzelne denkt und tut, nimmt der wahre Gott sehr persönlich. Schreiber betont zurecht: "Ohne die Gottesgebote des ersten Dekalogteils sind die sozialen Gebote und Verbote nicht absolut bindend."[89]

---

85 vgl. Einsichten, Bd.1, S.1278 - 1296
86 vgl. ebenda, S.1278-1288
87 vgl. 2. Mose 20, 1-17 und 5. Mose 5, 1-24
88 vgl. Schwarz, (2007), S.158 ff
89 vgl. Schreiber (2010) S.31

Wie dargestellt, drängt das Gesetz der G-Einwirkung die Menschen zu einem störungsfreien Zusammenleben (vgl. Punkt 1.6.). Erhebt sich die Frage, warum kommt es trotzdem zu Streit, Zank, Groll und dem buchstäblichen Mord und Totschlag unter den Menschen?

3.2. Die auffallende Schwierigkeit, die zwischenmenschlichen Gebote einzuhalten

Da die Gesetze für zwischenmenschliches Harmoniestreben in die Psyche gelegt sind, erhebt sich die Frage, wieso bereits um 1550 v. Chr. für das entstehende Volk Israel die zehn Gebote - insbesondere die sechs zwischenmenschlichen Gebote - erforderlich waren. Warum diese Warnungen, da doch entsprechende G-Gesetze in der Psyche des Menschen eben diese Warnfunktionen ausüben?[90]

Wie in Punkt 2 festgestellt, ergingen die gleichen Warnungen bezüglich dem zwischenmenschlichen Bereich in weiteren wesentlichen Kulturen. Fest steht, in welchen gegenwärtigen und vergangenen Kulturkreis wir sehen, läuft im zwischenmenschlichen Denken etwas grundsätzlich falsch. Der Mensch ist hin und her geworfen in seinen individuellen Begehrlichkeiten, die in vielfacher Weise die zwischenmenschlichen Probleme hervorrufen. Und die erwähnten gleichlautenden Gebote bzw. Aufforderungen für das Zusammenleben, um dessen bedrohlichste Störungen zu vermeiden, sind geradezu der Beweis dafür. Es erscheint daher der Rückgriff auf den Problembeginn erforderlich.

3.2.1. Was ist der Grund dafür?

Von allen schriftlich festgehaltenen ursprünglichen Berichten zwischenmenschlicher Probleme ist der in der Genesis mit grösstem Abstand der klare und - aus Sicht neuer Erkenntnis - der wahre Bericht. Laut diesem gibt es bei den ersten Menschen keine 'Religion', ein Begriff, der viel später in der Menschheitsgeschichte die Bedeutung von 'Rückbesinnung auf Gott' erfährt. Noch gibt es jedweden Priester, Religionsführer und dergleichen.

Die ersten von Gott erschaffenen Menschen stehen in unmittelbaren Kontakt mit dem Schöpfer. Sie sind in voller geistiger Einheit mit Gott und handeln danach. Das geht aus 1. Mose 1, 28-29 und nach dem Sündenfall aus 1. Mose 3,8

---

[90] vgl. Schwarz (2007), S.156 ff

hervor: "Später hörten sie die Stimme Jehovas Gottes, der um die Tageszeit der Brise im Garten wandelte,... . Und Jehova Gott rief den Menschen wiederholt und sprach zu ihm: 'Wo bist du?'" Diese ursprünglich gegebene geistige Vertrautheit und Einheit mit Gott ist voll erklärbar durch die aufgezeigten psychischen G-Gesetze (vgl. Punkt 1.). Gott hat sie offenbar in den Menschen gelegt um dieser von ihm gewünschten Einheit willen. Wegen dieser psychischen Grundhaltung der ersten Menschen sind sonderliche Aufforderungen an Denken und Verhalten im zwischenmenschlichen Bereich nicht erforderlich. Die psychischen G-Gesetze erfüllen ganz normal die harmonischen Gedanken und das Handeln in Einheit zwischen den menschlichen Partnern und Gott. Die Warnung Gottes, nicht von dem Baum der Erkenntnis von Gut und Böse zu essen, ist lediglich die laufende Probe auf die Einheit der Menschen mit ihm.

Ob hier Jehova Gott oder der vormenschliche Jesus Christus für Jehova spricht, ist aus deren geistiger Einheit gleichbedeutend. Siehe dazu die Bitte Jesu an Gott, um dieselbe geistige Einheit der Jünger mit ihm und Gott in Johannes 17,21: "...damit sie alle eins seien, so wie du, Vater, in Gemeinschaft bist mit mir und ich in Gemeinschaft bin mit dir, dass auch sie in Gemeinschaft mit uns seien,...".

3.2.1.1. Der Egoismus nimmt seinen Anfang

Nachdem die beiden Menschen auf die Versuchung hin von dem verbotenen Baum gegessen haben, nimmt das Verhängnis seinen Lauf. Bereits die o.g. Suche Gottes nach seinem Verbleib beginnt das psychische G-Feld Adams zutiefst zu stören. Hat er doch seine Tat vor Augen. Damit beginnt der psychische GAU in Adam und seiner Frau. Die Folgen sind katastrophal:

- Zum einen geht den Menschen die geistige Einheit mit Gott verloren, geplagt von schlechtem Gewissen. Das bedeutete auch für Jehova den Vertrauensverlust gegenüber den Menschen, die nun für diesen Fall dem angedrohten Tod unterworfen sind.
- Das bedeutet ferner, den Menschen spaltet sich der psychische Werteraum in die positiven und negativen Raumsektoren. (vgl. Punkt 1.4.3.) Wie Gott für den Fall der Übertretung vorhersagte, erkennen sie erstmals Gut und Böse.[91] Der Mensch ist nun in der Lage, das Böse zu den-

[91] vgl. 1.Mose 2,17

ken, zu planen und auszuführen.

- Und der Mensch beginnt daraufhin, sich selbst zur 'Hauptsache' seines Denkens und Handelns zu machen (vgl. Punkt 1.4.2.) und demnach 'Ichbezogen' zu denken und zu handeln. Den Beweis dafür liefern u.a. die Schuldzuweisungen von Adam und Eva: "Die Frau, die du mir beigegeben hast, sie gab mir (Frucht) von dem Baum, und so ass ich."[92] Und von Eva an die Schlange: "Darauf erwidert die Frau: 'Die Schlange - sie betrog mich, und so ass ich'."[93] Das bedeutet, der Egoismus hatte begonnen und das hinein in viele Gedanken und Handlungen auch der Nachfolger Adams. Nachdem Gott seine Urteile bezüglich dieses Vorfalles getroffen hatte, spricht er: "Siehe, der Mensch ist im Erkennen von Gut und Böse wie einer von uns geworden,...".[94] In Folge der Aufteilung des psychischen Werteraumes in seine Raumsektoren musste das als Erblast auf alle künftigen Menschen übergehen.
- Für Jehova schliesslich bedeutete der Vorfall, er muss das gesamte entstandene Problem wieder zurechtbringen.[95]

Die weitere dramatische Zuspitzung ist mit der Ermordung Abels durch Kain gegeben. Die beiden ersten Söhne des Menschenpaares bringen Gott Opfer dar. Kain bemerkt das Missfallen Gottes über seine qualitativ mangelhafte Opfergabe. In Kain steigen Zorn und Hass auf und er tötet seinen Bruder. Das Böse ist nun im Denken der Menschen vorhanden und der Mensch ist nicht in der Lage, das böse Handeln in Folge zu vermeiden. Gott spricht das direkt an: "Hierauf (vor dem Mord an Abel) sprach Jehova zu Kain: 'Warum bist du in Zorn entbrannt, und warum hat sich dein Angesicht gesenkt? ... Wenn du .. nicht darangehst, gut zu handeln, so kauert die Sünde am Eingang, und nach dir steht ihr tiefes Verlangen; und wirst du, ja du, die Herrschaft über sie erlangen?'"[96]

Es zeigt sich, die Menschen sind der Erkenntnis von Gut und Böse nicht gewachsen. Sie beginnen bei zunehmenden Egoismus die in sie gelegten psychischen Gesetze entsprechend ihrem nun möglichen VzR 'Ich' für sich und gegen ihre Mitmenschen und Gott wirken zu lassen (vgl. Punkt 1.4.2.). Lüge, Neid, Streit, Habsucht, Ehebruch, Mord und Totschlag nehmen überhand bis in unsere

92 vgl. 1. Mose 3,12
93 vgl. 1.Mose 3,13
94 vgl. 1.Mose 3,22
95 vgl. Einsichten Bd.1, (1990),S.1291 f und 1294
96 vgl. 1.Mose 4, 3-8

Tage. Der Mensch beginnt sich vor allem selbst zu sehen und zu tun, was ihm nutzt.

3.2.1.2. Dazu vier Beispiele von heute

- „I love you forever"
  Entsprechend den psychischen G-Feldgesetzen suchen die Menschen immer noch die ursprüngliche Einheit zu Mitmenschen. Insbesondere in der geschlechtlichen Partnerschaft. Doch nachdem das über eine Weile gelingen mag, kehren nach oft minimalen negativen Erfahrungen am Partner bzw. der Partnerin die 'alten' egoistischen G-Feldstrukturen wieder zurück. Dann wird damit begonnen, den Partner über dessen negative Eigenheiten zu 'belehren', ihn zu kritisieren und man bereitet sich schliesslich aus wiedergekehrtem Egoismus gegenseitig die 'Hölle'. Nur in wenigen Fällen gelingt es tatsächlich, die Bezogenheit auf den Partner als G-Feld VzR über lange Erlebnisperioden beizubehalten. So lastet der Egoismus wie ein 'Fluch' auf vielen Ehen.
- Mein Mann macht das alles
  Claire, 42 Jahre, berichtet dem befreundeten Ehepaar, während sie durch das Haus führt: "Vor zwei Jahren baute mein Mann diese Villa, 15 Zimmer, auf 4000 Quadratmeter Grund. Der Pool, 20 mal 8m, kam im vergangenen Jahr dazu. Ich bin sehr stolz auf ihn, wie er das alles schafft. In diesem Jahr das Haus in der Toskana nahe Siena. Sehr schön da." Auf das befreundete Ehepaar geht Claire nicht ein.
- Kind als Speerspitze des Ehrgeizes
  "Vor einem Jahr haben wir uns getrennt. Miriam war 9 und ich habe sie mit 32 Jahren geboren. Neben dem Gymnasium hat Miriam einen ausgefüllten Tagesplan. Nach der Schule, meist um 13 Uhr, hat sie Montag und Mittwoch 14 Uhr Unterricht in Tennis und Golf, anschliessend an beiden Tagen Gymnastik. Dienstag und Donnerstag ist Ballett und Freitag Spanisch. Mein Partner lebt in Marbella." Das berichtet Miriams Mutter sichtlich stolz ihren Freundinnen während des Kaffeetreffs, die das mehr oder weniger staunend zur Kenntnis nehmen.
- Die Honoratioren
  Gesellschaftlich führende Positionen zu übernehmen ist schon etwas, wenn man sich damit in angesehenen Gruppen kleidet, wenn auch oft

mit erheblicher Arbeit verbunden, die meist nicht oder nicht gebührend entlohnt ist. So steigern z.B. Beamte ihr Ansehen mit der Etatgrösse, die ihr Amt aufweist. Oder man denke an die gesellschaftliche Bedeutung einer Position an einer Hochschule, in der Politik und Religion usw. Alles in allem oft ein Übel aus der vorherrschenden 'Ichkultur'. Personen in derartigen Positionen sind häufig gegen grundlegende Neuerungen, wenn sie auch fleissig von solchen sprechen. Es werden dann echte geistige Innovationen subsumiert oder totgeschwiegen, um das Sagen zu behalten. Und man deckt sich gegenseitig, - Konsensgesellschaft eben.

3.2.1.3. Über die Freiheit

Freiheit ist einer der faszinierendsten Begriffe, besonders von den westlichen Ländern ausgehend. In diesen wurden auch die heute allgemein gültigen Menschenrechte deklariert. Es sind dies die unberührbaren Rechte der Würde des Menschen, des Rechtes sich frei zu bewegen und der körperlichen Unversehrtheit. Ferner die Meinungsfreiheit in Wort und Schrift, der Glaubensfreiheit, und anderer Rechte, in die bis zu deren Durchsetzung die Staaten und Kirchen zu Unrecht eingegriffen haben, die Menschen hinter Gitter brachten, sie folterten und oft des Lebens beraubten. Die dafür notwendige Trennung von Kirche und Gerichtsbarkeit im Staat war mit eine Grunderfordernis für die Demokratie. Das alles wurde - oft unter Einsatz des Lebens - als Menschenrechte erklärt und schliesslich von den Staaten zögerlich als Grundrechte in deren Verfassungen aufgenommen. Es ist noch nicht allzu lange her, so sind diese persönlichen Rechte wenigstens in den Grundgesetzen westlicher demokratischer Länder soweit durchgesetzt. In arabischen, afrikanischen und asiatischen Ländern kämpfen die Menschen durch möglichst gewaltfreien Einsatz derzeit darum.

Es kommt jedoch bei alledem Vorteil zu einer Überziehung dieser Grundgedanken. Die so erlangte Freiheit wird zunehmend in einer Weise missbraucht, die voll gegen die psychischen G-Gesetze stehen. Warum?

Immer mehr Menschen beginnen, die errungene Freiheit dahingehend auszuweiten, sich frei von staatlichen und moralisch-sittlichen Gesetzen zu stellen und sich darüber hinwegzusetzen. Nach dem Motto: "Ich tue was ich will". So handeln inzwischen viele ohne Rücksicht auf Staat und Mitmenschen. Dadurch ausgelöste erhebliche Störungen psychischer Art kümmern solche Zeitgenossen wenig. So wie buchstäblich die Stopschilder bezüglich der Verkehrsordnung, so werden in übertragenen Sinn die 'Roten Ampeln' zwischenmenschlicher Ordnung überfahren (vgl. Punkt 2.). Dieser gesamte Verfall wird gefördert durch den hochgelobten Individualismus, hinter dem sich der Egoismus verbirgt (vgl. Punkt 3.2.1.). Das dem Menschen innewohnende Ordnungsprinzip der G-Gesetze, durch Entscheiden und Handeln die Mitmenschen nicht zu stören, wird zunehmend - von einigen Medien und 'Freidenkern' kräftig unterstützt - unter den 'Teppich gekehrt'. Die Freiheit der Rechte in der Demokratie wird in die Zerstörung des Zwischenmenschlichen auf den moralisch-sittlichen Bereich übertragen. Eine höchst fragwürdige Freiheit, die so ziemlich alle Werte, aus denen unsere Kultur besteht, wegwischt: Die persönliche Würde junger Menschen wird der übelsten Sexualisierung geopfert. Die Familie, der Zusammenhalt von 'Jung' und 'Alt' in ihr, der Respekt zwischen Mann und Frau, und die tiefe Kommunikation zwischen Ehepartnern bis hinein in die echte Sexualität werden kaputt gemacht.

Alles, was sich gegen diese sinnlosen 'Freiheiten' richtet, angefangen von Religion bis hin zu gesellschaftlichen Erfahrungswerten, wird für überholt erklärt. Die Devise ist, 'Freiheit' für jede - normal so benannte - Abartigkeit. Und das, obwohl die psychischen G-Gesetze besagen, dass es eine moralisch-sittliche Freiheit ohne Grenzen nicht gibt, weil sie das grosse soziale Gesetz missachtet (vgl. Punkt 2.1.2.1.).

Man denke nur an die vielen gesellschaftlichen Einbindungen, der Menschen unterliegen, die von sich behaupten, in jeder Weise freigestellt zu sein.[97] Im Grunde genommen haben sich solche Menschen lediglich der moralisch-sittlichen Gesetze entledigt, um frei für alle diesbezüglichen Begehrlichkeiten zu sein und sich diesen zuwenden zu können. Wie sehr sie dadurch ihren Begierden versklavt - also schliesslich unfrei sind - drückt der Römerbrief so aus: "Wisst ihr nicht, dass ihr, wenn ihr euch fortgesetzt jemandem als Sklaven darstellt, um ihm zu gehorchen, dessen Sklaven seid, weil ihr ihm gehorcht...?"[98] Ohne es zu wissen, sind sie voll in die von ihnen angestrebten Gruppen eingeschirrt. Sie machen, ohne sich darüber im klaren zu sein, wie unfrei sie dabei sind, alle geforderten Zwänge gerne mit, um von den Gruppenmitgliedern akzeptiert zu werden. Wo und wie sie wohnen, welche Kleidung sie bevorzugen, welchen Sport sie treiben, mit wem sie sonst noch verkehren usw., wird durch die von ihnen bevorzugten Gruppen mitbestimmt.

---

97 vgl. Schwarz (2007), S.187 ff

98 vgl. Römer, 6,16

Das bedeutet letztlich, wer tut 'was er will' und ohne Rücksicht auf andere handelt, unterliegt einem gewaltigen Irrtum. Er ist nicht frei, sondern ein Gefangener seiner Begehrlichkeiten. Also genau das Gegenteil dessen, was er von sich behauptet. Schlimmer noch, ist er ein übler Täter im zwischenmenschlichen Bereich. Dabei ist er nicht aufgerufen, seine Begehrlichkeiten einzustellen, sondern diese in zwischenmenschlicher Ordnung auszuleben.

3.2.2. Devolution statt Evolution ?

Bis hierher kann gesagt werden: Das 'verlorene Paradies' bedeutet die verlorene Harmonie des Menschen mit Gott und seinen Mitmenschen. Damit in Zusammenhang steht die Trennung des psychischen Werteraumes in positive und negative Raumsektoren. Ab hier stehen sich Menschen anklagend gegenüber.

'Der andere' hat Schuld und man sieht sich gegenseitig 'nackt'. Die Jerusalem Bibel kommentiert das treffend mit 'Beanspruchung sittlicher Autonomie'. Wie in einer Sanduhr können nun die bisher positiven Vorstellungen zu negativen werden und jeweils negative G-Felder aufbauen (Punkt 1.). Der Egoist ist geboren, der schliesslich seine Ziele mit brutaler Gewalt durchsetzt. Seither ist es dem Menschen möglich, Gott und seine Mitmenschen zu kritisieren und zu verurteilen. Der Mensch ist hin- und hergerissen zwischen dem Harmoniestreben gegenüber seinen Mitmenschen und den egoistischen Begehrlichkeiten, welche die zwischenmenschliche Harmonie zerstören. Damit ist die Voraussetzung gegeben für das Böse auf der Erde, der Menschen untereinander, in den Gruppen, bis hin zu den staatlichen Gemeinschaften. Hass, Niedertracht, Zerstörung der Andersdenkenden beherrschen einerseits die Erde. Anderseits sind die psychischen Feldgesetze voll auf Harmonie und gegenseitige Übereinstimmung in den Menschen angelegt. So ist es nicht verwunderlich, wenn die Grössten in Religion und Philosophie in wesentlichen Weltkulturen genau dieses ursprüngliche und weitgehend verlorengegangene Denken ansprechen. So sind die Gesetze bzw. ethischen Forderungen der grossen Denker im Grunde Warnungen, die in unser Bewusstsein gelegten Gesetze nicht zu übertreten. Weil jede erhebliche Übertretung verhängnisvolle Wirkungen auf den hat, der sie vollbringt und auf die Menschen, die dessen Handeln betrifft (vgl. Punkt 2.). Erst nach dem Vorfall in Eden und dem davon ausgelösten Egoismus ist ein moralisch-sittlicher Verfall festzustellen, wie er in der Genesis treffend beschrieben ist. Dabei handelt es sich tatsächlich um die Frühgeschichte der Menschheit. Diese ist für jedermann in dem Stammregister in 1. Chronika Kapitel 1-9 und deren Kurzfassungen in Matthäus 1, 1-16 und Lukas 3, 23-38 nachzulesen.

Verfolgt man die hl. Schriften weiter, so ist es in unseren Tagen nicht sonderlich originell, wenn Menschen behaupten, es gibt keinen Gott. Das gab es auch zur Zeit der Apostel und wird treffend im Römerbrief beschrieben: "Wiewohl sie behaupten, sie seien weise ... verwandelten (sie) die Herrlichkeit ... Gottes in etwas gleich dem Bild des vergänglichen Menschen und von Vögeln und vierfüssigen und kriechenden Tieren." Klingt ähnlich dem Glauben an die Evolution. Wie sich das auf Moral und Sitten auswirkte beschreibt Paulus wie folgt: "Deshalb übergab Gott sie schändlichen sexuellen Gelüsten, denn sowohl ihre weiblichen Personen vertauschten den natürlichen Gebrauch von sich selbst mit dem widernatürlichen und desgleichen verliessen auch die männlichen Personen den natürlichen Gebrauch der weiblichen Person ... . Männliche mit Männlichen, ..." Und der dazu gehörende allgemeine Verfall von Sitte und Moral: "... dass sie Dinge taten, ... erfüllt wie sie waren, mit aller Ungerechtigkeit, Bosheit, Habsucht, Schlechtigkeit, indem sie voll Neid, Mord, Streit, Trug und Niedertracht waren, Ohrenbläser, böse Zungen, Gotteshasser ... ."[99] Erinnert ziemlich an unsere Zeit! An die Befürworter der Evolution sei hier die Frage gestellt: was würden sie als alleiniger Schöpfer der hunderttausende von Arten zu Wasser, Land und Luft auf dieser Erde veranlassen? Würden sie die Bausteine des Lebens für jede Art gesondert erschaffen? Das wäre wohl naiv. Läge nicht der Gedanke nahe, einen alle Arten durchdringenden Ordnungsplan der Chromosomen zu entwickeln? Also z.B. den 'Mittelfinger' der Fledermaushand nach Bauplan und Chromosomen dem des Menschen entsprechen zu lassen. Also für alle Arten ein gemeinsames 'Grundmuster' des Lebens zu entwerfen. Und ist die Entwicklungslehre seit Darwin bis heute nicht der Versuch, dieses Grundmuster aus verschiedenen Blickwinkeln zu erkennen? Nur wird das zufällige Entstehen selbst der lebenden Zelle wegen deren inzwischen erkannten Komplexität immer fragwürdiger.

Und noch tausend Jahre früher als Paulus schrieb König David: "Der Unverständige hat in seinem Herzen gesagt: 'Es gibt keinen Jehova'." Und was folgte daraus? "Sie haben verderblich gehandelt, sie haben verabscheuungswürdig gehandelt in (ihrer) Handlungsweise. Da ist keiner, der Gutes tut."[100]

Störig sagt zu unseren Tagen, wie sich das seit den 1950er Jahren noch verstärkt: "Es sei daran erinnert, wie sehr es der Lehre vieler Religionen entspricht,

---

[99] vgl. Römer 1,26-30

[100] vgl. Psalm 14,1

dass die Menschheit nicht etwa in fortschreitendem Aufstieg, sondern in ständigen Abstieg und Abfall begriffen sei von Gott und von einem fernen, paradiesischen oder goldenen Zeitalter. Der Glaube an einen Fortschritt, der im Europa des 18. und 19. Jahrhunderts lebte, ist stark erschüttert und im Grunde auch nicht beweisbarer als das Gegenteil - wenn man Fortschritt und Entwicklung nicht im äusserlichen Sinne als Fortschreiten der Technik und zunehmende Beherrschung der Aussenwelt versteht, sondern unter Entwicklung etwas Inneres, nämlich die zunehmende Ausprägung lebendiger Form und wachsenden Reichtum an Schöpferkraft und inneren Möglichkeiten versteht. Nach den Erfahrungen der vier Jahrzehnte (vor 1952) wird auch die breite Öffentlichkeit eher geneigt sein, in der Annahme eines Abstiegs der Menschheit etwas Richtiges zu sehen, als etwa noch unsere Väter vor dem ersten Weltkrieg."[101]

Sieht doch der Apostel Paulus, ähnlich wie in o.g. Römerbrief, eine Entwicklung des menschlichen Verhaltens voraus, nur nicht punktuell auf damalige Mittelmeerländer bezogen, sondern weltweit: "...dass in den letzten Tagen kritische Zeiten dasein werden, mit denen man schwer fertig wird. Denn die Menschen werden eigenliebig sein, geldliebend, anmassend, hochmütig, Lästerer, den Eltern ungehorsam, undankbar, nicht loyal, ohne natürliche Zuneigung, für keine Übereinkunft zugänglich, Verleumder, ohne Selbstbeherrschung, brutal, ohne Liebe zum Guten, Verräter, unbesonnen, aufgeblasen (vor Stolz), die Vergnügungen mehr lieben als Gott, die eine Form der Gottergebenheit haben, sich aber hinsichtlich deren Kraft als falsch erweisen;..."[102] Hier ist eine künftige Weltsituation beschrieben, die bei weiter steigender Gottlosigkeit zu einer Weltkatastrophe führen dürfte. Allein schon deshalb, weil der Verfall von Sitte und Moral allgemein auf Disharmonie zwischen den vielen Gruppen hinausläuft und - unabhängig von den Regierungsformen - auf die Staaten selbst. Dem Zerfall des menschlichen Zusammenlebens müsste daher ein völliger Neubeginn entsprechend den psychischen G-Feldgesetzen zuvorkommen. Die Frage dazu: Wie findet die Menschheit zu dieser Einheit zurück?

---

101 vgl. Störig (1952), S.3

102 vgl. 2. Timotheus 3, 1-5

3.3. Vorläufiges Fazit

Der dargestellte Sachverhalt erfordert zunächst für die Disziplinen Psychologie, Philosophie und Soziologie einen grundlegenden Neubeginn. Haben sie doch bisher wenig Besserungen im zwischenmenschlichen Bereich gebracht.

- Zur Psychologie:
  das neue menschliche Bewusstsein ist in Vorstellungs- oder wie wir auch sagen können - Bewusstseinsfeldern darstellbar. Diese umfassen sowohl das Denken als auch das emotionale Geschehen und unterliegen einer physiologischen Regelung. Das neue Bewusstsein erfährt so eine gewaltige Erweiterung. Seine Funktionen umfassen das gesamte psychische Geschehen. In der Ereignisfolge fliessen Denken, Entscheiden und Verhalten aus der psychischen Gravitation in diesen Feldern. Diese bewirkt auch, dass unser Denken und Fühlen bei normaler Belastung nicht in der Ereignisfolge zersplittert wirkt und es entstehen in der Regel Erlebnisperioden von zum Teil beträchtlicher Dauer, die das Zwischenmenschliche integrieren.
- Zur Philosophie:
  durch das neue menschliche Bewusstsein ergibt sich ein grundlegender Unterschied bezüglich dem oft vernachlässigten Zwischenmenschlichen. Über die Jahrhunderte wurden, ausgehend von dem konventionell gedachten menschlichen Verstand, meist allgemeinen Fragen zum Individuum nachgegangen. z.B. wie das Denken zustande kommt, Subjekt-Objekt Darstellungen, die Sinnfrage, usw. Bis heute bemühen sich Menschen um Selbsterkenntnis, Selbstfindung, Selbstverwirklichung - Begriffe, die das Ego des Menschen seither fördern. Diogenes': "Geh mir aus der Sonne" drückt heute noch die Einstellung vieler aus. Warum sagte er nicht: "Setze dich zu mir und unterhalten wir uns"? Der Mensch erhielt schliesslich ethische Richtlinien, an die er sich auf Grund seines vermeintlich freien Willens zu halten habe. Der freie Wille war wiederum aus dem konventionell angenommenen Verstand abgeleitet.[103] Auf diesem geistigen Hintergrund blüht die 'Ichkultur', eine Welt, die nahezu ausnahmslos von Egoisten strotzt. Demgegenüber steht das neue menschliche Bewusstsein als geistige Basis, um das Zwischenmenschliche entsprechend den klaren Gesetzen zu einer völ-

[103] vgl. Schwarz (2007) S.9 ff

lig neuen Grundhaltung, einer 'Wir-Kultur' hinzuführen. Oberste Aufgabe der Philosophie ist, das Zusammenleben der Menschen grundsätzlich und global neu zu ordnen.

- Und die Soziologie:
  sie muss zunächst ihrerseits zur Kenntnis nehmen, wie hochkomplex das neue Bewusstsein ist und zwingenden Gesetzen unterliegt - auch bezüglich des Umfeldes. Die bisherige Trennung von Psychologie und Soziologie bezüglich des sozialen Verhaltens von Menschen ist nicht weiter aufrecht zu erhalten.[104] Ferner, dass 'Wesenheiten', wie Durkheim soziale Tatbestände bezeichnet, den Individuen nicht übergeordnet sind, sondern Interaktionen aus den psychischen G-Feldern fliessen. Bei Entscheiden und Handeln ist das Umfeld gesetzmässig integriert, angefangen von jeder sozialen Interaktion bis hin zur relevanten Sozialstruktur. Die verstehende Soziologie ist bisher zum einen an den konventionellen 'Verstand' orientiert und daran anknüpfenden methodologischen Theorien, zum anderen versucht sie das 'unintendierte' Verhalten zu berücksichtigen. Beide Aspekte laufen in die Leere, weil sie das Verhalten geistigen Bereichen zuordnen, die so nicht existieren. Bezüglich dem neuen Bewusstsein sind Entscheiden und Verhalten den Gesetzen der psychischen Gravitation unterworfen. Der Entscheidungsprozess berücksichtigt das Umfeld.

Zusammengefasst stehen die Disziplinen Psychologie, Philosophie und Soziologie durch die angesprochenen Zusammenhänge vor der intermeditierenden Aufgabe, in einem gesamten Theoriekern zu verschmelzen, dessen Ausgangspunkt das neue Bewusstsein ist.

Trotzdem muss gesagt werden, selbst diese Lösung vermag in Zukunft den Egoismus nicht zu überwinden. Eine diesbezügliche Selbstheilung ist dem Menschen nicht möglich, auch was die Aufspaltung des psychischen Werteraumes in seine Raumsektoren betrifft.

Situationsbedingt vermag das neue Bewusstsein von 'Gut' auf 'Böse' umzuschalten. Diesbezüglich ist eine Besserung durch die drei Disziplinen nicht zu erwarten. Da sich neue Zeitalter durch grundlegend neues Denken ankündigen, mag eine echte Lösung für dieses schier unlösbare Problem der Menschheit in Sicht sein.

---

104 vgl. Schwarz (2007) S.187 ff

4. Liebe als Lösung

Liebe ist bisher als ein starkes Gefühl des Hingezogenseins definiert. Sie vermag auch diverse Abstufungen und Arten gefühlsmässiger Neigung zu Menschen kennzeichnen. Sie bedeutet auch den Inbegriff körperlicher, geistiger Bindung an einen Menschen. Insbesondere in der seit Freud aufgekommenen Tiefenpsychologie sind derartige Gefühle mehr dem sexuellen Antrieb aus dem Unbewussten zugeordnet und aus derartigen Gründen für viele nicht diskutierbar. In den zweitausend Jahren abendländischer Philosophie, die sich nahezu ausschliesslich um die Funktionen des 'Verstandes' kümmerte, waren doch Emotionen nahezu ausgeklammert.

Trotz alledem ist die Liebe in ihrer Vielfalt wohl das häufigste in der Weltliteratur behandelte Thema, ob in Prosa, Lyrik oder Dramaturgie. Und wie zum Hohn über den Alltagsfrust klingt uns nahezu in jedem italienischen Unterhaltungslied das 'Amore' entgegen.

Da die Liebe von der einen Seite derart vernachlässigt und anderseits derart beachtet ist, erscheint ein direkter Auszug bezüglich ihres Charakters im neuen Bewusstsein geboten.

4.1. Liebe kein blosses Gefühl

Versuchen wir, diese psychischen Erscheinungen in Erweiterung zu Punkt 1.3.2. zu sehen, so ergeben sich deren wesentliche Parallelen zu den:

inneren Räumen in Dimensionen Lagen = Bewegungsgeschwindigkeiten bezogen auf die Höchstgeschwindigkeit der i.R. Bewegungen, im Verhältnis zu der Stärke der Energiebeträge als spezialisierte Antriebsstärken

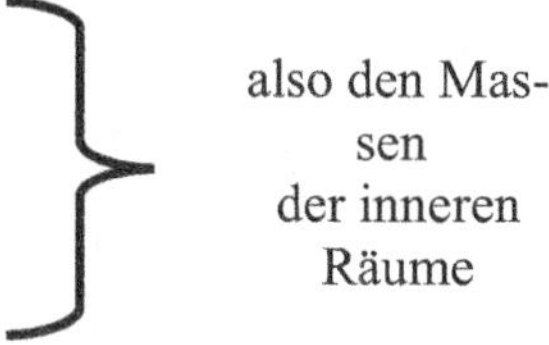

Bei näherem Betrachten sind Gefühle, Affekte und Stimmungen jeweils an ganz bestimmte innere Räume gebunden. So beziehen sich alle Gefühle wie Eifersucht, Furcht, Ekel, Wut, Zorn, Liebe, Hass, Freude immer auf den Eigenwert oder die Umweltfaktoren, die als innere Räume in der Psyche vorhanden sind. Kafka[105] bezeichnet treffend die vier ursprünglichsten Ausdrucksbewegungen mit:

1. Her mit dir zu mir!	Gier
2. Fort mit dir von mir!	Widerwillen
3. Fort mit mir von dir!	Furcht
4. Hin mit mir zu dir!	Erschliessung

welche selten unvermischt, aber meist in Affektkomplexen auftreten. Das Verhältnis zwischen den Lust-Unlust-Erlebnissen und den Affekten ist nach Kafka '... in etwa dem Verhältnis zwischen spezifischen Organfunktionen und den Hormonen der zugehörigen Organe zu vergleichen.'[106]

Ebenso, wenn auch feiner zu erkennen, verhält es sich mit den Stimmungen. Wir dürfen uns nicht täuschen lassen und eine beispielsweise heitere Stimmung an sich annehmen, nur weil wir vielleicht augenblicklich nicht so recht wissen, welchem inneren Raum sie 'angehört'. Bei späterem Überdenken finden wir heraus, dass sie ihren 'Grund' in einem bestimmten inneren Raum hatte. Nur liessen wir diesen inneren Raum auf uns einwirken ohne ihn sonderlich zu intensivieren. Ein Zustand, wie wir gleich erfahren werden, der für die Stimmungen wesensbedingt ist. Daraus folgt:

Affekte, Gefühle und Stimmungen sind psychische Erscheinungen, die immer an bestimmte innere Räume gebunden sind.

Die Frage ist, können wir davon sprechen, dass Stimmungen überzugehen vermögen in Gefühle und Gefühle sich zu steigern vermögen in Affekte? Oder müssen wir feste Grenzen annehmen? Die Schwierigkeit der Aussage darüber ist, die einzelne psychische Erscheinung von Affekt, Gefühl oder Stimmung kann nicht während der inneren oder äusseren Aktionen beurteilt werden. Das liegt im Wesen dieser psychischen Erscheinungen und wir können nur rückblickend erkennen, ob die innere oder äussere Aktion von Affekt, Gefühl oder Stimmung begleitet war.

Ein Beispiel: Wir erhalten von einem geliebten Menschen in gewohnter Rei-

105 vgl. Kafka (1950/7), S.256-278

106 vgl. Kafka (1950/7), S.278

henfolge einen Brief, in dem für den nächsten Tag das allwöchentliche Treffen angekündigt ist. Gegenüber den ersten Briefen dieser Art, die in uns eine lebhafte Vorstellung und ebensolches Fühlen von dem Treffen auslösten, sind wir darin gewitzt, uns einen Tag vorher nicht schon zu 'verausgaben' und wir drängen die Vorstellung von dem geliebten Menschen etwas zurück. Dabei sind wir über ganze Ereignisabläufe hinweg in heiterer Stimmung (die Erklärung für die Fortsetzung über mehrere Ereignisse hinweg gibt Punkt 1.4.2.).

Übersetzt: Dimensionen, Lage (= Bewegung) und Antriebsstärke des i.R. 'Geliebter Mensch' sind dabei gering. Die geringe Masse des i.R. 'Geliebter Mensch' ermöglicht die heitere Stimmung.

In dem Augenblick, da wir uns den ‚Grund' der Stimmung verständlich machen wollten, intensivieren wir den inneren Raum ‚Geliebter Mensch'. Das bedeutet, wir werden augenblicklich der Stimmung verlustig zugunsten eines ‚Mehr'. Die Intensivierung des i.R. ‚Geliebter Mensch' ist dann begleitet von mehr oder weniger starkem Fühlen für den geliebten Menschen. Mit anderen Worten: Dimension, Lage (= Bewegung) und Antriebsstärke (= Masse) des i.R. werden verstärkt und damit ist die Stimmung auf den geliebten Menschen hin bereits nicht mehr möglich. Sie weicht dem ‚nächsten Grad', dem Fühlen.

Setzen wir das Beispiel fort: Wir arbeiten in heiterer Stimmung, die sich auf den geliebten Menschen und auf das Treffen am nächsten Tag bezieht, in unserem Büro an einer bestimmten Aufgabe. Die berufliche Arbeit kann ohne weiteres augenblicklich im Vordergrund stehen. Heitere Stimmung für den geliebten Menschen überdeckt und verträgt sich ohne weiteres mit dem Gefühl, Freude für die berufliche Aufgabe'. Der i.R. ‚berufliche Aufgabe' ist ‚mittel stark, positiv, aktiv und von grosser Masse', vgl. Bild 4.

Die Türe geht auf und der geliebte Mensch steht plötzlich vor uns. Sein Erscheinen ist unerwartet und erfordert die bekannte ‚Schaltpause' von uns. Was geht in uns vor? Der i.R. ‚Geliebter Mensch', bisher von geringer Masse (= heitere Stimmung), wird zu ‚mittel stark, positiv, aktiv und von grosser Masse'. Die heitere Stimmung schlägt in ein Mehr über. Wir begrüssen uns mit starkem Fühlen. Der i.R. ‚berufliche Aufgabe' wird zu ‚schwach, aktiv, positiv' (= geringe Masse). Die Freude an der beruflichen Aufgabe schwindet, es bleibt für den Augenblick nur eine frohe Stimmung dafür übrig (vgl. Bild 5). Und wir schieben die berufliche Aufgabe weg und küssen uns im Affekt. D.h. der i.R. ‚Geliebter Mensch' wird zu ‚nahe stark, positiv, aktiv' (= grosse Masse). Sie bedingt den Affekt zu dem geliebten Menschen. Der i.R. ‚berufliche Aufgabe' ist völlig zurückgedrängt (= geringe Masse). Wir können die Aufgabe abstrakt denken, ohne Gefühl oder Stimmung für sie zu haben (vgl. Bild 6).

Von der Heftigkeit des sexuellen Antriebes ganz zu schweigen, den wir gegenüber dem geliebten Menschen haben können. Der i.R. ‚Geliebter Mensch' erscheint rückblickend während des sexuellen Kontaktes so wuchtig, dass wir für Bruchteile von Sekunden weder von Affekt, Gefühl noch Stimmung für den geliebten Menschen sprechen können. Der i.R. bedingt eine Sogwirkung, von der wir uns für kurze Zeit nicht loszumachen vermögen. D.h. der i.R. ‚Geliebter Mensch' ist ‚sehr stark, positiv, aktiv' (= bedeutende Massenzunahme), in deren Schwankungen zu gross erst wieder Affekte und Gefühle auftreten. Der i.R. ‚berufliche Aufgabe' ist wieder völlig zurückgedrängt (= geringe Masse). Die Aufgabe ist zwar bewusst, kann für diese Zeit aber weder Affekt, Gefühl, noch Stimmung hervorrufen. Sie ist abstrakt bewusst, siehe Bild 7.

In den drei Bildern 4, 5 und 6 ist der Eigenwert (= i.R. ‚Ich') als ‚mittel stark, aktiv, positiv' (= grosse Masse) dargestellt. Er bedingt ein gehobenes, frohes persönliches Lebensgefühl. In Bild 7 ist der Eigenwert (=i.R. ‚Ich') als ‚schwach, aktiv, positiv dargestellt' (= geringe Masse). Für die Bruchteile einer Sekunde ist der Eigenwert zwar bewusst, fällt aber in das abstrakte Denkvermögen. (siehe auch Punkt 1.4.2., Masse - Energie - Äquivalenz). Daraus folgt:

Affekte, Gefühle und Stimmungen stehen als psychische Erscheinungen in Relation zu Dimensionen, Lage (= Bewegung) und spezialisierter Antriebsstärke der inneren Räume.

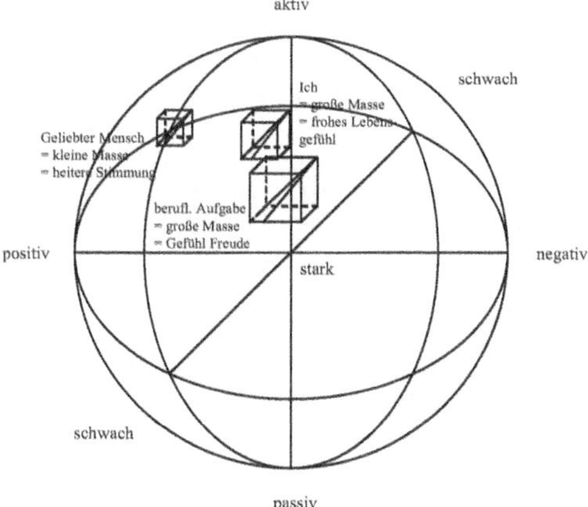

Bild 4: Sogwirkung, Affekte, Gefühle,Stimmungen und abstraktes Denkvermögen als psychische Erscheinungen aus den Größen der i.R. Massen

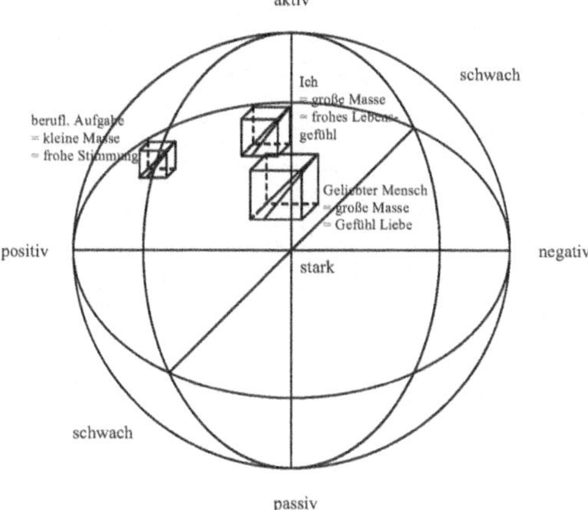

Bild 5: Sogwirkung, Affekte, Gefühle, Stimmungen und abstraktes Denkvermögen als psychische Erscheinungen aus den Größen der i.R. Massen

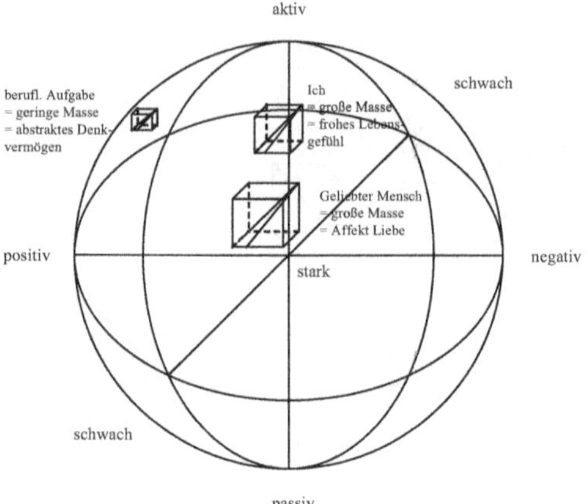

Bild 6: Sogwirkung, Affekte, Gefühle, Stimmungen und abstraktes Denkvermögen als psychische Erscheinungen aus den Größen der i.R. Massen

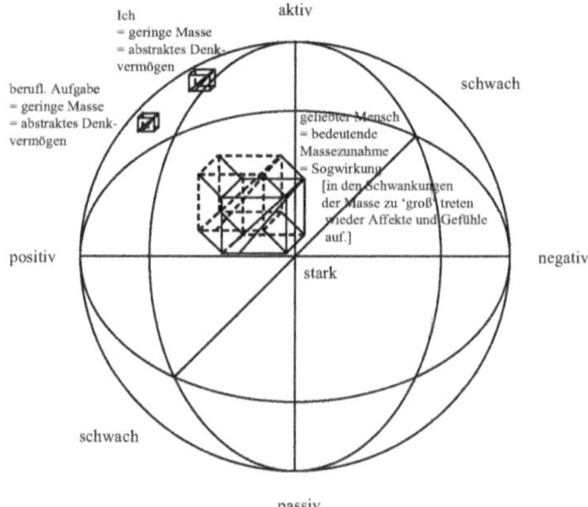

Bild 7: Sogwirkung, Affekte, Gefühle, Stimmungen und abstraktes Denkvermögen als psychische Erscheinungen aus den Größen der i.R. Massen

Skinner demonstriert an seinen Tierversuchen, dass das Verhalten als Einheit[107] anzusehen ist. In den Zusammenhängen von Reiz, Erregung und bedingter Reizbeantwortung[108] bestätigen sich in den Untersuchungen die Korrelationen von Antriebsstärke[109] und Affekten[110] in dem Verhaltensprozess, der mit bedingt ist von den Subjekt-Umfeld Gegebenheiten der Versuchstiere. Skinner schliesst aus seinen Untersuchungen, dass sich die Ergebnisse für höhere Entwicklungsformen und für den Menschen in gleicher Weise bestätigen dürften.[111] Es kann gesagt werden: Affekte, Gefühle und Stimmungen sind psychische Erscheinungen, die immer an bestimmte innere Räume gebunden sind und in Relation zur Grösse der i.R. Massen auftreten.

Es bleibt zu untersuchen, ob Affekte, Gefühle und Stimmungen als sekundäre psychische Erscheinungen aus den Massen der i.R. entstehen. Oder ob diese psychischen Erscheinungen primär sind, damit einer psychischen Instanz zugehören und sich jeweils proportional zur Masse der i.R. ‚dazuschalten'. Dazu ist zu sagen, dass es sich bei diesen psychischen Erscheinungen nicht um irgendwelche Energieformen handelt, sondern es sind stets bewertende Erscheinungen. Da sämtliche Bewertungen in den drei Grunddimensionen des Werteraumes beinhaltet und diese als die drei Dimensionen der i.R. definiert sind, müssen diese psychischen Erscheinungen wesensgebunden an die inneren Räume sein. Das bedeutet, Affekte, Gefühle und Stimmungen sind sekundär als Erscheinungen der i.R. Massen anzusehen. Die Bedeutung des Stammhirns als Sitz dieser Erscheinungen kann aufgegeben werden zugunsten der höheren Aufgabe als Energiezentrum und Energieverteilung. Einzig in dieser Funktion hängt das Stammhirn direkt mit den psychischen Erscheinungen von Affekt, Gefühl und Stimmung zusammen. D.h. ohne kinetische Energiebeträge keine i.R. Massen und damit wären die psychischen Erscheinungen von Affekt, Gefühl und Stimmung nicht möglich.

Neuere Forschungen haben ergeben, dass sowohl der Lust als auch der Unlust Lokalisationen im Gehirn gegeben sind, die normal mit dem Prozess der Homeostasis kooperieren, die aber gesondert durch Stimulation des zentralen Nervensystems angesprochen werden können. Pribram verweist 1971 jedoch auf die Beziehungen zwischen elektrischer Erregung von Lust und homeostatischen Prozess und spricht von der elektrischen Erregung als der Ursache der Neigung

---

[107] vgl. Skinner (1966), S. 33ff. u. S. 300

[108] vgl. Skinner (1966), S. 244ff.

[109] vgl. Skinner (1966), S. 353ff. u. S. 379ff.

[110] vgl. Skinner (1966), S. 242ff. u. S. 406ff.

[111] vgl. Skinner (1966), S. 435 u. S. 441f.

zur Homeostase.[112] Daraus folgt:

Affekte, Gefühle und Stimmungen sind psychische Erscheinungen, die sekundär aus den Massen der inneren Räume erwachsen (siehe Tafel I). Damit ist das Lust-Unlust-Prinzip unmittelbar mit den Massen der inneren Räume und mit den Aktionen der Menschen verbunden.

Die Annahme des Unbewussten als 'Sitz' oder Instanz der Affekte, Gefühle und Stimmungen ist entbehrlich, ebenso die Annahme des Zusammenwirkens von Schichten für diese psychischen Erscheinungen. Welche Konsequenzen ergeben sich aus dieser Sicht des neuen Bewusstseins?

4.1.1. Liebe als Gesamtzustand des neuen Bewusstseins

Was ist nun Liebe? Theoretisch ausgedrückt steht das Wort für einen komplexen Zustand eines psychischen G-Feldes in einem positiven Raumsektor.

Liebe ist demnach der tiefbeglückende Zustand der vollen Zuwendung, der seine Höhepunkte in wechselseitigen Erwiderungen erfährt, entsprechend dem Gesetz der G-Einwirkung (vgl. Punkte 1.3. und 1.4.). Dabei erhält z.B. die Vorstellung (i.R.) des geliebten Menschen eine große Massezunahme, die Gedanken und Verhalten auf sich auszurichten beginnt. Entsprechend der Masse-Energie-Äquivalanz lösen sich negative G-Felder auf und es reduziert sich die Eigenliebe. Von Beobachtern aus gesehen, beginnen dann Menschen wie von selbst, sich weitgehend einander anzupassen und bewirken eine oft erstaunliche Aufgabenbewältigung, neben den sekundär auftretenden positiven Gefühlen füreinander.

Daraus folgt für den Begriff Liebe: er konnte bisher wissenschaftlich noch nicht ausgelotet werden und man gebrauchte den Begriff gleichsam einer Worthülse und überließ die inhaltliche Spannbreite der Weltliteratur.

---

[112] vgl. Stagner (1974), S. 107f.

Tafel 1: Übersicht aufgebaut auf den i.R. ‚geliebter Mensch'

i.R. Dimensionen	i.R. Bewegung = d	Anzunehmende Höchstgeschwindigkeit der i.R. - Bewegungen = b	kinet. Energiebetrag als spezialisierte Antriebsstärke im i.R. = E	i.R. Masse $m = \frac{m^0}{\sqrt{1-d^2/b^2}}$ od. $\frac{E}{b^2}$	psychische Erscheinung aus der i.R. Masse
stark | aktiv, passiv positiv, negativ | i.R. 'geliebter Mensch'	sehr stark | starkes Ereignis i.Z. gemessen an a.Z. sehr kurz		stark | starker sexueller Antrieb	bedeutende Massenzunahme i.R. 'geliebter Mensch' | ?	i.R. Sogwirkung
mittel bis nahe stark | aktiv, passiv positiv, negativ | i.R. 'geliebter Mensch'	mittel bis nahe stark | mittelstarkes Ereignis i.Z. gemessen an a.Z. kurz		mittel bis nahe stark | mittel bis nahe starker sexueller Antrieb	große Masse i.R. 'geliebter Mensch' | ?	Gefühle bis Affekte Liebe - Haß usw.
mittel bis nahe schwach | aktiv, passiv positiv, negativ | i.R. 'geliebter Mensch'	mittel bis nahe schwach | schwaches Ereignis i.Z. gemessen an a.Z. lang		mittel bis nahe schwach | mittel bis nahe schwacher sexueller Antrieb	kleine Masse i.R. 'geliebter Mensch' | ?	Stimmungen heiter - traurig usw.
schwach | aktiv, passiv positiv, negativ | i.R. 'geliebter Mensch'	schwach | sehr schwaches Ereignis i.Z. gemessen an a.Z. sehr lang		schwach | schwacher sexueller Antrieb	geringe Masse i.R. 'geliebter Mensch' | ?	'abstraktes' Denkvermögen

Ein Beispiel soll aufzeigen, wie sich eine glückliche und herzliche Liebe zwischen Tom und Eva entwickeln mag. Beide lernen sich in der Münchener City zufällig bei einem Cappuccino kennen. Eine alltägliche Begegnung zunächst. Aber diesmal empfinden beide ganz anders.

Eva ist 28, alleinstehend ohne 'Anhang' und als Dipl. Kfm. leitet sie ein bekanntes Warenhaus 'um die Ecke'. Sie ist von sehr gepflegter Erscheinung und hat bestes Auftreten. Tom ist 36, hat seinen Dr. jur. und arbeitet in der Geschäftsleitung einer Bank. Er ist von smarter Erscheinung und hat ebenfalls beste Umgangsformen. So stehen sie nebeneinander bei ihrem Cappuccino und nehmen streifenden Auges Notiz voneinander.

Über ein paar Floskeln kommen sie ins Gespräch. Wie man spricht, sich dabei bewegt, vorsichtigen Gefallen am anderen findet - nach wenigen Minuten ist beiden klar, sie sollten sich wieder treffen, um sich näher kennen zu lernen. Tom macht den diesbezüglichen Vorschlag und beide treffen sich, nach Nennung von Namen und Adressen am Tag darauf erneut zu einem Cappuccino. Was in den Gedanken der beiden währenddessen so vorgeht ? Tom denkt zwischendurch immer wieder an Eva, wie sie neben ihm an der Cappuccinobar stand. Er ist sich klar darüber, Eva ist keine Frau für ein kurzes 'Date'. Er will das noch ganz rasch abklären. Und wenn er in seiner Meinung richtig liegt, dann, ja dann ... und Tom beginnt erstmals seine Gedanken voll auf sie auszurichten. Eva geht es ähnlich. Auch sie denkt oft an Tom und seine Art, auf sie einzugehen. Er ist sicher nicht auf ein schnelles Abenteuer aus. Wenn dem so ist, meint sie für sich ... und denkt das noch nicht zu Ende. Doch zwischendurch beginnt Tom ihre Gedanken voll einzunehmen. Beim nächsten Treffen der beiden verfliegen die ersten Zweifel ganz schnell. Sie unterreden sich über ihre Ziele, ihr bisheriges Leben, ihre Familien und Hobbys. Beiderseits stehen die 'Ampeln auf Grün'. Ihre gegenseitige Aufgeschlossenheit beginnt sich mit weiteren Treffen in tiefe Liebe zu wandeln. Was ist theoretisch zu alldem zu sagen ? Entsprechend der Masse-Energie-Äquivalanz beginnt in den positiven G-Feldern der beiden eine selbsttätige Entwicklung. Die gross werdende Masse der Vorstellung (i.R.) des geliebten Menschen richtet zunehmend die übrigen Vorstellungen auf sich aus. Mögliche bestehende negative G-Felder werden aufgelöst. Und ohne weiteres Dazutun geschehen in Folge Wandlungen ihres beidseitigen Denkens und Verhaltens. Entsprechend der stärker werdenden Liebe zueinander stimmen sich ihre Gedanken aufeinander ab. Für ihre persönlichen Ziele wird eine gemeinsame Ausrichtung gefunden. Ihre bereits ähnlichen Einstellungen zu Wohnen, Familie, bis hin zu Hobbys und zur Kleidung erfahren zusätzliche Übereinstimmungen. Das Gesetz der G-Einwirkung richtet sie selbsttätig daraufhin aus. Ja, die Vorstellung des geliebten Menschen tendiert bereits dazu, zum inneren Vorzugsraum zu werden (vgl. Punkt 1.4.2.). Eva und Tom erfahren eine unbeschreiblich glückliche und langwährende Zeit ihres gemeinsamen Lebens.

4.2. Der Mensch sucht nach Liebe und Anerkennung

Bei der Suche nach Akzeptanz, also nach Anerkennung auf welche Weise auch immer, schwingt im Grunde die Sehnsucht mit, geliebt zu werden. Dahinter steckt, je nach Liebesentbehrung bzw. -verlust der Wunsch, Liebe zu erfahren. Muss sie entbehrt werden, wird das oft durch extreme Leistung und deren Anerkennung zu kompensieren versucht. Beobachtet man die Jagd nach Anerkennung im Guinessbuch, so scheint es mit der Liebe nicht mehr allzu weit her zu sein in unserer Zeit. Entsprechend Punkt 4.1.1. führt der Verlust an Liebe zu schwerwiegenden Verhaltens- und Gesundheitsstörungen. Dazu die Pressemeldung unter 'Liebe verringert Demenzrisiko'; Oslo (dpa): "Eine liebevolle Beziehung vermindert das Risiko für Altersdemenz erheblich. Wie die Osloer Zeitung 'Aftenposten' berichtete, hat der Mediziner Krister Häkansson vom schwedischen Karolinska Institut knapp 1500 Menschen aus einer Bevölkerungsstudie der 60er und 70er Jahre auf Faktoren für das Auftreten von Alzheimer oder anderen Demenzleiden untersucht. Dabei ergab sich seinen Angaben zufolge unter anderem eine Halbierung des generellen Durchschnittsrisikos, falls die Betroffenen bis ins Alter als glückliches Paar zusammengelebt hatten. Im Fall der Scheidung konstatierte Häkansson dagegen eine Verdreifachung des Demenzrisikos. Sogar eine Versiebenfachung wurde für den Überlebenden eines Paares ermittelt, wenn der jeweilige Partner in mittleren Jahren verstorben war."[113]

Entsprechend der physiologisch-psychischen Regelung (vgl. Punkt 1.3. und 1.4.2.) dürften in diesem Zusammenhang die grossen Geiseln von Krankheiten an Herz und Krebs oft durch psychische Probleme mitbedingt sein. Dabei geht es nicht um üblichen, also gesunden Stress, sondern um 'tiefsitzende' Sorgen und seelische Probleme, von denen meist auch der Arzt des Vertrauens nichts erfährt. Entweder weil die betroffene Person sich des Zusammenhanges nicht im Klaren ist bzw. nichts 'zugeben' wird. Worum geht es? Drei Beispiele:

---

113 vgl. Häkansson (2009) ,S.1

- Der Sohn hat wegen eines leichtsinnigen Überholmanövers seinen Freund, der auf dem Beifahrersitz sass, mit dem PKW des Vaters in den Tod gefahren. Er war der Sohn einer befreundeten Familie. Die Mutter grämt sich Jahre darüber zutiefst und stirbt an Krebs.
- In der schwer kriselnden Ehe wird der Mann von der Ehefrau als 'idealer Liebhaber' hochstilisiert, um des Ansehens willen. Der sensible Ehemann frisst die internen Probleme in sich hinein und stirbt über die Jahre an Krebs.
- Die Frau treibt ihren Mann zu grossen Geschäften an, die nur über Korruption und ihre Untreue zu finanzieren sind. Herzinfarkt des Mannes, dem das zuinnerst 'gegen den Strich' geht und sein Herztod nach einigen Jahren.

Drei ganz anders gelagerte Beispiele zeigen ein Problem auf, das sich weltweit eröffnet.

- Greifen wir zunächst das Beispiel von Frank und Toni auf, sie sind 22 und 20 Jahre alt, ohne 'Anhang', Angestellte. Ihr Sinn steht auf den Besuch von Diskotheken. Dort bewegen und verrenken sie sich nach der Musik. Dort beschaffen sie sich ihre 'one-night-stands' nach dem Motto 'sex is love', es findet sich immer eine, die 'bereit' ist. Lautstarke Musik und Alkohol tun das ihrige. Notfalls Nachhilfe mit Drogen. Frank und Toni als perfekte Egoisten haben dann mechanisierten Sex. Diese Art zu leben macht sie letztlich unzufrieden und treibt sie trotz des dauernden Partnerwechsels in die Vereinsamung.
- Soziologen in den USA sind über den Egoismus in ihrem Land der 'unbegrenzten Möglichkeiten' tief besorgt, der die Amerikaner in die Isolation getrieben hat. Sie sprechen nicht mehr miteinander, hassen die Schönredner von der Ostküste. Sie wurden von üblen Geschäftemachern in Politik und Banken um Haus und Versorgung gebracht. Man versprach und gab ihnen immer mehr Kredite, weil die Substanz 'nur steigen konnte', wie sie sagten. Und jetzt stehen sie total überschuldet und ihre Häuser, die immer weniger wert wurden, werden versteigert. Glücklich, wem noch der Wohnwagen belassen bleibt, um nicht zu denen zu gehören, die in Zelten wohnen müssen. Der Berater und Wirt-

schaftsphilosoph Dov Seidman [114] kommt auf die einsame Idee, die Leute sollten doch mal wieder arbeiten statt auf Pump zu leben.

- Die Paartherapeutin Claudia Clasen-Holzberg berichtet: "In den letzten 5 bis 10 Jahren beobachtet sie bei Frauen um die dreissig eine wachsende Ratlosigkeit angesichts der grossen Freiheit. Hin- und hergerissen zwischen dem Anspruch, den Mann fürs Leben zu finden und den vielen Wahlmöglichkeiten, die vor allem berufstätige Frauen schon ohne Internet haben, verfallen viele in eine Unfähigkeit, sich überhaupt noch für jemanden zu entscheiden."[115] Anders formuliert, da ist die Begierde, dazu die Pille, und man möchte einfach so frei wie der Mann sein, der in ständiger Sorge verbleibt, ob nicht doch etwas 'passiert' ist. Demgegenüber steht die Neigung nach einer festen Partnerschaft. Dabei hat es gerade die gebildete junge Frauengeneration mit Beruf und eigenem Einkommen in der Hand, unabhängige persönliche Würde aufzubauen. Vorausgesetzt diese wird nicht durch vorgezogene Sexualisierung, in welcher Richtung auch immer, vergeudet.

Die drei Beispiele haben einen gemeinsamen Hintergrund. Der Standpunkt: 'Ich tue was ich will', kollidiert zwangsläufig mit jeglicher Solidarität zu Mitmenschen und führt den Egoisten in die Isolation. vgl.Punkt 3.2.1.3.

4.2.1. Ist der Egoismus in Einzelfällen zu überwinden?

Noch einmal, was ist Egoismus? Wenn die Vorstellung (i.R.), die eine Person von sich hat, eine so wesentliche psychische Massezunahme erfährt, dass sie die übrigen Vorstellungen im G-Feld auf sich auszurichten beginnt. Es besteht dann die Tendenz in Richtung innerer Vorzugsraum (VzR, vgl. Punkt 1.4.2.) zu werden und die übrigen Vorstellungen zu dominieren. Der Mensch denkt nur noch an sich und seinen Nutzen.

Erscheinen die zuletzt aufgezeigten Beispiele in Punkt 4.2. symptomatisch für Egoismus in unserer Zeit, so vermögen sich Menschen doch grundlegend zu verändern. Aus dem ersten Beispiel seien Frank und Toni weiter beobachtet.

- Frank lernt in einem Einkaufszentrum zufällig Sabine kennen, die dort

114 vgl. Spiegel, Nr.44 v. 30.10.2010, S.82

115 vgl. Moreno Juan (2010), Der Spiegel,Nr.45, S.80

an der Kasse arbeitet. Sie ist 20 Jahre alt, sehr schick, trägt langes Haar und hat eine so ganz andere Einstellung zum Leben wie Frank. Sabine ist ruhig und überlegt, was sie sagt. Für schnelle Bettgeschichten ist sie überhaupt nicht zu haben. Ihre Meinung ist, eine Sache erst mal ruhig angehen zu lassen. Das alles reizt Frank, kennen zu lernen. Und es vollzieht sich an ihm eine erstaunliche Veränderung. Die Art von Sabine gefällt ihm immer mehr. Er stellt seine Discothekenbesuche ein. Beide unterreden sich gerne und ausführlich und beginnen, sich richtig ineinander zu verlieben. Aus dem ehemaligen Egoisten ist ein verliebter junger Mann geworden und sie wollen in Kürze heiraten. Bei Toni läuft das Leben ganz anders. In der Discothek gerät er zusehens in eine Gruppe von Gleichaltrigen, die Drogen konsumieren. Er lässt sich auf Deals ein und verlegt diese auch nach ausserhalb der Disco. Innere Unruhe kommt wegen der 'Geschäfte' immer stärker in ihm auf. Primitiver Sex, primitive Raffgier nach Geld und Gruppenzwang beherrschen ihn. Toni vertritt eine nicht unerhebliche Zahl von Menschen, die an Verflachung ihres Wesens und Charakters leiden, die unstet und gehetzt von der Überfülle an Einflüssen sind. 'Mithalten' um in der Gruppe akzeptiert zu sein, ist alles.

- Joan gehört einer Gruppe von Frauen an, die in den USA ein politisches Programm als Parteimitglieder unterstützen. Als bekannt wird, dass ihr Wortführer in korrupte Geschäfte verwickelt ist, kündigen sie allesamt ihre Mitgliedschaft. Was ihnen für ihr Land gut erschien, ist zunächst kaputt gemacht. Die Doppelbödigkeit des Wortführers veranlasst Joan, mit den ehemaligen Mitgliedern Kontakt zu behalten und ihrerseits ein neues Programm auszuarbeiten. In vielen Diskussionen und Erhebungen werden die Programmpunkte auf Inhalt und Wirkung bei den US-Bürgern untersucht, die bisher die Wahl verweigerten. Auf diese Weise wird ein Parteiprogramm erstellt, das bei den nächsten Wahlen ohne grossen Kapitaleinsatz viel Erfolg verspricht. Die Medien berichten darüber und in den USA beginnen die Menschen wieder ernsthaft Mut zu fassen.
- Bei Franzis, 27 Jahre alt, ohne 'Anhang', mit guten Angestelltenjob, bewirkt ein Bericht ein ernsthaftes Überdenken ihres promiskuitiven Lebensstiles, der möglicherweise eine Abtreibung erfordert. Die Information darüber lässt sie nicht los. Was sie bisher laut gängiger Meinung als Bagatelle einschätzt, bewirkt eine Abtreibung bei vielen Frauen, die

das mitmachten, zum Teil schwere psychische Schäden auf Lebenszeit. Sie überlegt, wie sehr Matthias sie immer wieder drängt, mit ihm eine feste Bindung einzugehen. Sie wendet sich ihm nun ernsthaft zu und sie heiraten schliesslich.

Die drei Beispiele wollen eines herausstellen: Meinungen, Einstellungen und Verhalten vermögen sich grundlegend zu ändern - und das oft auf lange Zeitperioden - wenn aus dem Umfeld entsprechende Personen, richtunggebende Zielsetzungen bzw. meinungsbildende Informationen auf Menschen zukommen. Wie bezüglich der menschlichen Entscheidung ermittelt, sind psychische G-Felder derart zu modulieren.[116]

4.2.2. Verfall und Aufbau von Werten

Joas definiert Wert als "...Grundelement jeder Kultur; eine von der Mehrheit einer Gruppe (z.B. Profession, Schicht, Nationalgesellschaft) geteilte allgemeine Vorstellung darüber, was gut oder schlecht, was wünschenswert oder unerwünscht ist. Werte sind bestimmend für Lebensstile: wir verbinden Werte mit kulturellen Objektivationen (Recht, Moral, Wissen etc.) und Aktivitäten (wie Bücher, Gemälde, Museen, Konzerte etc.).[117]

Grundwerte wie Familie, Ehe, Kinder, Erziehung, Freundschaft, Besitztum wurden über Jahrtausende von altägyptischen, sumerischen, medopersischen, griechischen, römischen und jüdisch-christlichen Staaten hoch geachtet. Mehr noch, sie wurden zum Teil als Gebote und moralische Vorschriften angesehen. Wobei ein Gebot "...als zentraler Bestandteil des Zusammenlebens gilt und ein Ausdruck der am meisten hochgehaltenen Werte ist. Der Verstoss gegen ein Gebot löst intensive Sanktionen aus",[118] vgl. Punkt 2.

Werte sind erfolgreich zu bewahren, wenn sie durch folgende Einflussgrössen abgesichert sind:

---

116 vgl. Schwarz (2004)

117 vgl. Joas (2003), S.91

118 vgl. Joas (2003), S.91

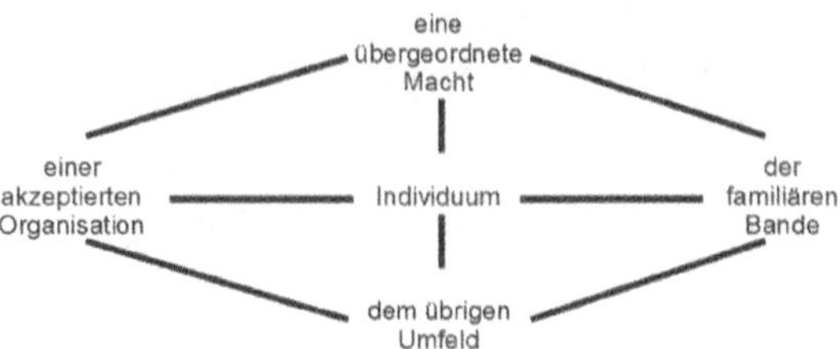

Wird eine dieser Einflussgrössen nicht bzw. nicht mehr ganz ernst genommen, beginnen für das Individuum die o.g. Werte in Frage gestellt zu werden und schliesslich einzubrechen.[119] Brechen die Einflussgrössen weg, gerät die Gesellschaft in spezifische Gruppenbildungen und letztlich in anarchische Verhältnisse, da innerhalb der Gruppen die Werte auf gleiche Weise zugrunde gehen.

Mindernd auf diese Einflussgrössen wirkt der allgegenwärtige Egoismus. Durch die psychischen G-Gesetze ist der Mensch zwar befähigt, die Reaktionen seiner Mitmenschen auf sein Tun im voraus abzuschätzen. Und wenigstens bei seinen wesentlichen Mitmenschen weiss er ziemlich genau, was diese gutheissen oder als störend empfinden werden (vgl. Punkte 1.6 und 1.7). Aber diese Wechselbeziehung ist durch die Überbetonung des Individualismus weitgehend verdrängt. Grund genug, warum es dem Menschen an 'Feingefühl' für die Reaktionen auf sein Tun mangelt. Die Zuwendung an sich selbst mindert die Wirkung der o.g. Einflussgrössen auf den Menschen.

Was ist durch diesen Individualismus mit den Werten geschehen? In diesem Zusammenhang sei an die Freiheit erinnert (vgl. Punkt 3.2.1.3.), wie sie heute politisch willkommen ist, jedoch zum Freibrief für moralisch-sittliche Begierden missbraucht wird und doch nicht besteht, wenn es darum geht, sozialen Status zu demonstrieren. Ähnliche Doppelbödigkeit besteht in der Einstellung zu den Werten, die, wie bekannt, über Jahrtausende und meist während der Höhe von Kulturen in der Geschichte der Menschheit bewahrt wurden und sich heute bei uns in argen Zustand befinden.

---

119 vgl. Schwarz (2007), S.158 ff

4.2.3. Ehe, Familie, Erziehung und Sozialisation

Da sind die Ehe und schliesslich die Familie: Trennungen Verheirateter nehmen überhand, sodass die Scheidungsquote in freiheitlichen Ländern des Westens bis zu 40 % erreicht. Surrogat zur Ehe ist die Anzahl zunehmender 'Lebensgemeinschaften'. Die Partner sind dabei ohne grosse Nachteile in materieller Hinsicht bereit, das Handtuch zu werfen, bzw. können wegen der prekären Arbeitsverhältnisse Ehe, Wohnung und Kind nicht solide planen. Soweit der Zustand von aussen betrachtet.

Durch die mediengesteuerte Sexualisierung wird aber auch zunehmend die tiefe Kommunikation in der Ehe zerstört. Wie dargestellt (vgl. Punkt 1.4.2.) ist die Haftung am VzR 'Geliebter Mensch' ausserordentlich, wenn keine bzw. wenige der - heute als selbstverständlich kreierten - sexuellen Verhältnisse stattgefunden haben. Wie im Kind bei Trennung der Eltern der Zusammenbruch des G-Feldes 'Eltern', so wird dann zwingend der Zusammenbruch des G-Feldes 'Geliebter Mensch' erlebt. Nicht umsonst ist die erste Liebe als dominant im Leben des Menschen bekannt. Bricht sie zusammen, ist in der Regel eine geraume Zeit erforderlich, um sich wieder neu auf einen Menschen einzustellen. 'Das erste mal tut's noch weh'. Wird dann ohne besondere Bindungen die propagierte Sexualität weiter betrieben, bauen sich jeweils keine besonders starken G-Felder auf. Das G-Feld VzR 'Ich' beginnt zu dominieren, in das jeweils Geschlechtspartner ein- und ausgeklinkt werden. Bekanntlich sollen dann Alkohol und Drogen über die Leere der sexualisierten Partnerschaft hinweghelfen.

Nun hat die Sexualität ja ihre besondere Geschichte im jüdisch-christlichen Kulturkreis. Der Begriff geht mit zurück auf die von Platon in der griechischen Philosophie dargestellte Aufteilung der Seele in Denken, mit seinem Sinn im Kopf, dem Gefühl in der Brust und der Begierde im Unterleib.[120] Eine Begriffsbildung, wie sie sich durch die Hellenisierung auch in Nahost durchsetzte. Diese Begriffe wurden insbesondere durch die Scholastik in die Einstellung der Kirchen übernommen und schliesslich auch von der abendländischen Philosophie mitgetragen.[121] Beeinflusst von den Kirchen wurden vor allen die Frauen verbreitet zu sexuellen Aversionen gebracht. Demnach sollte heute noch Sexualität der Empfängnis von Kindern dienen. Erst die Emanzipation erfasste die Sexualität als breitgefächertes Ausleben, zudem ohne Risiko zum Kind wegen der Möglichkeit, dies durch die Pille zu verhindern. Das Pendel schlug damit auf die

---

120 vgl. Störig (1953), S.132

121 vgl. Schwarz (2007), S.9 ff

andere Seite aus. Beide Verhaltensweisen waren tödlich für eine erfüllte Ehe, die entsprechend den psychischen G-Gesetzen nach einer tiefen geistigen und körperlichen Kommunikation beider Ehepartner vor - insbesondere während - und nach der sexuellen Vereinigung verlangen. So war Sexualität über Jahrhunderte offiziell, d.h. gesellschaftlich gesehen, von vielen Frauen als verpönt anzusehen und, wie Sigmund Freud das für seine Zeit treffend diagnostizierte, Anlass häufig verletzter Psyche.

Wie steht es um Erziehung und Sozialisation? Darüber ist bibliothekenfüllend geschrieben. Entsprechend viele Meinungen gibt es dazu. Da es um sehr viel geht, kann das Thema nicht nach Gutdünken entschieden werden. Um einige wesentliche Punkte zu gewinnen, ist es nützlich, Fragen zu stellen. Zum Beispiel: Wer soll dem Kind Werte wie Familie, Freundschaft, Ehrlichkeit, ein guter Name, usw. vermitteln?

Sollten Justizvollzugsbeamte auf Verbrecher einwirken, künftig ohne 'Einsitzverhalten' zu leben? Sollte es die Polizei sein, die in Discos für Werte sorgt? Oder sollen Psychologen und Pädagogen das Zusammenleben lehren? Sollten die Schulen die Erziehung übernehmen oder Erziehung in den Kitas stattfinden? Alle genannten und meist überlasteten beruflichen Fachkräfte werden unisono antworten: die Eltern haben primär die Kinder zu erziehen. Und sie nehmen womöglich auf die Werte Bezug, die, wie o.g. im Verfall begriffen sind. Das Problem ist, viele Eltern sollten ihre Kinder nicht in den Kitas abliefern sondern selbst erst mal in Eltas (=Elterntagesstätten) über Werte und Erziehung, die sie ermangeln, unterrichtet werden. Mit anderen Worten, Werte müssen den Kindern vorgelebt werden. Kinder sollen die Werte am elterlichen Verhalten so erleben, dass sie diese wie selbstverständlich übernehmen. Zu alldem brauchen Kinder Liebe und Zuwendung der Eltern wie die Pflanzen Licht, Wärme und Wasser zum rechten Wachstum brauchen.

Wieder eine Frage: Alleinerziehend warum? Weil die Ehe zerbricht, der Partner sich trennt, der Lebensstandard gehalten werden soll, weil man es vielleicht toll findet, im Beruf immer neue Partner zu finden? Und das Kind? Wie ist man denn dazu gekommen? Mit einem Jahr in die Kita? Wer denkt bei Trennung an das Kind, das möglicherweise grösste psychische Schäden davonträgt, die sich erst nach vielen Jahren manifestieren. Wer denkt demgegenüber an die so wichtige Sozialisation des Kindes in der intakten Familie, die dem Menschen Halt gibt fürs ganze Leben.[122] Wie dargestellt ist Liebe kein blosses Gefühl, das man - um 'zu bestehen' - zu vermeiden habe. Wie aufgezeigt (vgl. Punkt 4.1.1.) ist es

[122] vgl Schwarz (2007), S.215 ff

eine positive Grundhaltung des neuen Bewusstseins, aus der eine offene Zuneigung gegenüber Menschen erwächst. Eine Zuneigung ohne gekünstelte und antiquierte Vorbehalte. Eine zwischenmenschliche Umgangsform, wie sie der aufgeschlossene Mensch heute zunehmend wünscht und auszuüben beginnt. Dabei sind die Eltern, ist die Familie die Startrampe der Sozialisation.

In dem Bundesland Nordrhein-Westfalen versucht man derzeit, die immensen sozialen Reparaturkosten zu beziffern, die "...vom Nachholen von Schulabschlüssen bis hin zu steigenden Ausgaben für den Strafvollzug" reichen. Die Kosten stiegen in dem Bundesland in den vergangenen Jahren an Hilfeleistungen für Jugendliche in den Kommunen um bis zu 20 %. Vor allem für Inobhutnahmen, "...bei denen das Jugendamt Kinder aus der Familie holt. Sie werden dann teuer in Heimen oder bei Pflegefamilien untergebracht. 2009 waren das in der Jugendhilfe in Nordrhein-Westfalen 1,15 Milliarden Euro für 45000 Kinder. ... Immer mehr Eltern kommen bei der Erziehung nicht mehr klar. ...Die Stadt Duisburg gibt inzwischen mehr Geld für Jugendliche aus als für die gesamte Kita-Betreuung. Die zahlen also mehr für soziale Reparaturkosten als für die reguläre Betreuung von Kindern". Laut einer Studie würde das Bruttoinlandsprodukt dieses Bundeslandes kurzfristig um über 37 Milliarden Euro gesteigert, wenn es gelänge, dass jedes Kind einen Schulabschluss macht.[123]

Wer das Verhalten der Kinder behindert sind die Erwachsenen. Kinder unter sich haben keine negativen Verhaltensweisen, sofern sie von Erwachsenen nicht beeinflusst werden. Soziale Stände, andere Kulturbereiche, unterschiedliche Religionen usw. haben keine Auswirkungen auf sie. Die 'Unterschiede', d.h. die Grenzen werden ihnen von den Eltern und einflussnehmenden Erwachsenen gesetzt. Und bei den Erwachsenen - als sie Kinder waren - spielten angelernte Verhaltensweisen eine ebenso bedeutende Rolle. Trennfaktoren bleiben immer noch Religion, sozialer Status, Parteien, familiäre Zielsetzung, Bildungsstand, Kulturbereich, berufliche Position, u.a. Die dadurch entstehende Verfremdung wird auf die Kinder übertragen und wirkt meist über Generationen weiter.

Es sind also die Erwachsenen, die sich grundlegend ändern und umdenken müssen, um den neuen Bewusstseinszustand der Liebe zu ermöglichen. Viele ersehnen diesen Zustand der offenen Begegnung. Wobei die so entstehende persönliche Freizügigkeit nicht zur Übertretung der 'roten Ampeln' verleiten darf, um in psychischen Frieden mit sich und dem Nächsten zu bleiben. So wie aus der Wechselwirkung von Liebenden das gemeinsam Grössere, die 'grosse' Liebe genannt, hervorgeht, so ist das Resultat der Wechselwirkung in der rechten Er-

---

123 vgl. Spiegel Nr.6, 7.2.11, S.25 f

ziehung das gemeinsam Grössere, die 'tiefe' Familienbande. Sie entsteht nicht aus Taschengeld und Sachzuwendungen der Eltern an die Kinder. Die Kinder bedürfen der vollen Zuwendung. So werden die Eltern zu massegrossen Vorstellungen in positiven psychischen Raumsektoren der Kinder. Dadurch kommen die übrigen Umweltfaktoren in den Einfluss dieser psychischen G-Felder beim Kind. Auch das ergibt sich ganz von selbst. Als Eltern braucht man dann nur nach klaren Regeln des Zusammenlebens die positiven Einflüsse zu steuern. Es bedarf keiner weiteren Beratung, Elternzirkel, Bücher, usw. Und die Kinder entwickeln sich aus der Wechselwirkung von Akzeptanz und Liebe zu den Persönlichkeiten, die sie schliesslich werden. Dabei müssen die Eltern selbstredend Schutz gegen Einflüsse von aussen gewährleisten, die negativ wirken würden.

Demgegenüber verstossen heute Jugendliche auf üble Weise gegen die Grundgebote menschlichen Zusammenlebens. Offensichtlich ist die Familie auch für asoziales Verhalten von Menschen mit verantwortlich. In diesen Fällen leben Eltern den Kindern ihre negativen Einstellungen und Überzeugungen vor. Und Kinder übernehmen diese entsprechend den psychischen G-Gesetzen zwangsläufig, unterstützt von der elterlichen Wahl entsprechender Medien und sonstiger Umwelteinflüsse. Wieder entscheiden die Eltern durch ihr 'Vorbild' mit über das schliessliche Denken und Verhalten der Kinder.

Kindesmissbrauch findet nicht nur in dem sexuellen Bereich statt. Wenn das Telefon läutet und Vater sagt zum kleinen Franz: "Sag, ich bin nicht da!", erzieht er den Jungen zum Lügen. Steckt er im Supermarkt ein Päckchen Kaugummi ein, ohne dafür zu bezahlen, erzieht er Franz zum Diebstahl. Brüllt er Franz zuhause an und schlägt ihn, geht dieses Verhaltensmuster auf den Jungen über und der beginnt, sich am Schulhof zu schlagen. Kümmern sich die Eltern nicht sonderlich um den Jungen und mit wem er sich so herumtreibt, berichten die Medien schliesslich 'entsetzt' von dem 17-jährigen Franz, der mit zwei Kumpels über einen 60 Jährigen hergefallen ist und diesen krankenhausreif geschlagen hat. Dabei schaut sich sein Vater, seit Franz klein war, jeden Krimi im Fernsehen an und spielt Gruselschocker am Computer. Und klein Franz - und schliesslich gross Franz - sitzt immer dabei, zuletzt auch längst für sich alleine. Und Franz wird nie angehalten, zwischen Film und Realität zu unterscheiden.

4.3. Stabilisierung des neuen Menschenbildes

Wie dargestellt[124] bricht psychisch im Menschen bereits eine 'Welt' zusammen, trennt sich ein geliebter Mensch von ihm bzw. erleidet den Tod. Oder ähnlich, wenn durch spontane Veränderung, z.B.wegen eines schweren Unfalles, die berufliche Tätigkeit aufgegeben werden muss. Bei derartig drohenden Zusammenbrüchen psychischer G-Felder erhebt sich die Frage nach einem VzR, der bei solchen Ereignissen als von bleibender Bedeutung bestehen kann und das ist Gott, der sich nicht verändert - es sei denn kurzfristig, wenn z.B. sein Vorsatz mit der Menschheit gefährdet erscheint. (vgl. Punkt 3.1.) Dazu lesen wir in Jakobus: "Jede gute Gabe und jedes vollkommene Geschenk stammt ... vom Vater ... und bei ihm gibt es keine Veränderung ...".[125] Und in Maleachi: "Denn ich bin Jehova; ich habe mich nicht geändert."[126] Er, der Schöpfergott, ist der einzig absolute 'Bezug' für unser psychisches Geschehen und er ist als solcher die Liebe in Person. Johannes bezeugt: "Gott ist Liebe, ...".[127] In dem Fluss sich ablösender Ereignisse erscheint daher für den Menschen der feste Halt durch Gott wesentlich.

4.3.1. Das Gesetz der Wiederherstellung

Wie in Punkt 3.2.1.1. dargestellt, ist es dem Menschen nicht möglich, folgende selbstgeschaffenen Probleme von Grund auf zu lösen:

- Die Aufspaltung des psychischen Werteraumes und die negativen Raumsektoren rückgängig zu machen.
- Und den Egoismus zu beseitigen, durch den Mitmenschen benachteiligt werden.

Die Lösung vermochte nur Jesus Christus aufzuzeigen. War er doch ursprünglich der Erstgeborene der Geistsöhne Jehovas und durch ihn wurde das gesamte Universum mitsamt der Erde, den Pflanzen- und Tierarten und dem

---

124 vgl Schwarz (2000), S.96 ff

125 vgl. Jakobus, 1,17

126 vgl. Maleachi, 3,6

127 vgl. 1.Joh. 4,16

Menschen entsprechend der Planung Gottes erschaffen.[128] Er ist also voll des Wissens um die Zusammenhänge der gesamten Schöpfung, kennt die ursprüngliche Einheit der ersten Menschen mit Gott und den Vorfall in Eden. Und er kennt den Grund für die Probleme des Zusammenlebens, die durch die Aufspaltung des psychischen Werteraumes in negative Raumsektoren entstanden waren, mit dem Beginn des Egoismus der Menschen (vgl. Punkt 3.2.1.1.).

Aufgrund der vollen Kenntnis, die Jesus Christus durch die Mitarbeit an der Schöpfung hat, bringt er die Lösung für die Probleme der Menschheit in zwei Geboten: "Du sollst Jehova, deinen Gott, lieben mit deinem ganzen Herzen und mit deiner ganzen Seele und mit deinem ganzen Sinn. Dies ist das grösste und erste Gebot. Das zweite, ihm gleiche, ist dieses: 'Du sollst deinen Nächsten lieben wie dich selbst.' An diesen zwei Geboten hängt das ganze GESETZ und die PROPHETEN."[129] Diese beiden Gebote beinhalten auf komplexe Weise die sechs zwischenmenschlichen mosaischen Gebote (vgl. Punkt 2.1.1.) nebst der weiteren mosaischen Gesetzgebung. Paulus drückt das wie folgt aus: "Denn das (geschriebene Recht): 'Du sollst nicht ehebrechen, du sollst nicht morden, du sollst nicht stehlen, du sollst nicht begehren' und was immer für ein Gebot es sonst noch gibt, ist in diesem Wort zusammengefasst, nämlich: 'Du sollst deinen Nächsten lieben wie dich selbst.' Die Liebe fügt dem Nächsten nichts Böses zu; daher ist die Liebe die Erfüllung des Gesetzes."[130]

Zudem beinhalten beide Gebote das von Jesus Christus benannte grosse soziale Gesetz (vgl. Punkt 2.1.2.): "Alles daher, was ihr wollt, dass euch die Menschen tun, sollt auch ihr ihnen ebenso tun."[131]

Und mit dem ersten der beiden Liebesgebote ist das psychische G-Feld VzR 'Gott' ausgedrückt, wie das aus Sicht des neuen Bewusstseins formuliert ist, vgl. Punkt 1.4.2. Gott wird dabei dem Menschen die bedeutsamste Vorstellung. An einem Beispiel der anderen Art wird das verständlich: Versetzen wir uns in eine so richtig verliebte Frau. All ihre Gedanken - so oft die Situation das zulässt - sind stets bei ihrem geliebten Mann. Ja, ihre ganzen Erwartungen und Ziele sind auf diesen Menschen bezogen. Aus der Liebe heraus ist sie sogar gegenüber den Mitmenschen mehr aufgeschlossen als bisher. Sie ist in ihrem 'Herzen' weit geworden. Der geliebte Mann nimmt dabei einen grossen psychischen 'Raum' ein. Genau das geschieht, wird Jehova von ganzen Herzen, mit ganzer Seele und

128 vgl. Kolosser 1, 15 -16, und Einsichten, Bd.1 (1990), S.1336 ff

129 vgl. Matt. 22, 37-40

130 vgl. Rö 13, 9-10

131 vgl. Matt 7,12

ganzen Sinn geliebt. Auch hier mit dem Nebeneffekt, der Mensch ist in dieser Liebe gegenüber seinen Mitmenschen aufgeschlossener. Er wird den Mitmenschen gegenüber 'weit im Herzen'.

Erhebt sich die Frage, wie entsteht der VzR 'Jehova' im neuen Bewusstsein? Die einfache Antwort: laut den dargestellten psychischen Feldgesetzen (vgl. Punkt 1.4.). Da die Bewertungen als Dimensionen der Vorstellungen (i.R.) gelten, sind es zunächst insbesondere die Eigenschaften Gottes, wie er sie uns in seinen Briefen der Hl. Schrift darstellt. Da sind die vier grossen Eigenschaften, als deren wichtigste die Liebe für die VzR-Bildung zählt. Die Gerechtigkeit, Weisheit und Macht als die drei weiteren grossen Eigenschaften gelten daneben mehr der Bildung tiefer Ehrfurcht. Ferner sein reines moralisch-sittliches Denken entsprechend der von ihm aufgestellten Grundsätze nebst seinen Empfindungen für das Rechte und Gute bzw. gegen das Böse und Schlechte aus seiner Sicht. Ein derart sich aufbauendes G-Feld VzR 'Jehova' unterliegt natürlich situationsbedingten Ereignissen, kehrt aber, wie dargestellt, wieder zurück. Der Mensch wandelt dann mit Gott - auch während der täglichen Ablenkungen aus seinem Umfeld.

Diese beiden Gebote sind in ihrer Wirkung nicht zu trennen. Jesus Christus spricht damit in einfacher Weise die psychischen G-Gesetze an. Auf andere Art waren sie den Menschen damals nicht erklärbar. Die revolutionierende Aussage von Jesus Christus beseitigt schliesslich

- den unseligen Egoismus, durch die Relativierung und Minderung des Eigenwertes i.R. 'Ich' unter den VzR 'Jehova' und
- durch die Liebe zu Jehova und zum Nächsten werden die negativen Raumsektoren und das Denken darin zunehmend aufgehoben.

Auf diese Weise sind die beiden Hauptursachen der menschlichen Probleme, die auf den Eden-GAU zurückgehen, zu beseitigen. Und es ist die einzige Möglichkeit, um diese beiden Probleme einer zerstrittenen Menschheit zu bereinigen. Als Nebeneffekt ergibt sich dann die für Jehova wohl wichtigste Rückkehr der Menschen zur ursprünglichen Einheit mit Gott. Anders ausgedrückt beginnt damit die Wiederherstellung der Menschheit durch Jesus Christus.

4.3.2. Das Gesetz, die Goldene Regel und die zwei grossen Gebote

Die Zusammenfassung der sechs zwischenmenschlichen Gebote Mose durch die Goldene Regel (vgl die Punkte 2.1.1.1. und 2.1.2.) sichern, sofern eingehalten, das formale Zusammenleben der Menschen. Soweit sind sich grosse Denker in Weltkulturen einig und das wäre bereits ein riesiger Fortschritt in Richtung Harmonie und Friede zwischen den Menschen.

Über das blosse Vermeiden grober Störungen hinaus war es Jesus Christus, der auf die echte Lösung im zwischenmenschlichen Bereich drängte: durch die zwei grossen Gebote der Liebe. Diese beiden Gebote führen die Menschen schliesslich in vollen Einklang mit Gott und zueinander. Die Wechselwirkung vermeidet dann nicht nur Störungen gegenüber Gott und den Nächsten. Bedingt durch das Gesetz der G-Einwirkung[132] denken und handeln sie in gegenseitiger Liebe.

Zweifellos bedarf es einer Schulung und geraumer Zeit, sich auf auf die beiden Liebesgebote voll einzustellen. Jesus Christus sagte diesbezüglich zu Nikodemus, einen Schriftgelehrten: "Wenn jemand nicht wiedergeboren wird, kann er das Königreich Gottes nicht sehen".[133]

Und das Königreich ist dann zugleich die vorgesehene Zeitspanne für die Wiederherstellung hier auf Erden. Und Paulus fordert in mehreren Briefen das Anziehen der neuen Person als Christ.[134] Er spricht davon, die alte Persönlichkeit abzulegen, die gemäss den früheren trügerischen Begierden verdorben ist und die neue Persönlichkeit anzuziehen, die nach dem Willen Gottes geschaffen ist. Das bedeutet, der sinnlich veranlagte Mensch kommt durch zunehmende Erkenntnis Gottes zu dem zwangsläufig einsetzenden Wandel seines Denkens nach den Eigenschaften und Erfordernissen Gottes. Ein zwingender Prozess, der durch den Bedeutungswandel ausgelöst wird. Dabei wird im Grunde derselbe psychische Vorgang angesprochen, wie er sich durch den Aufbau des VzR 'Jehova' ergibt. Es wäre falsch, zu denken, bei dem Wandel zu einer neuen christlichen Persönlichkeit sollten sich die Vorstellungen, die ein Mensch gebildet hat, zugunsten völlig neuer Vorstellungen auflösen. Es geht dabei lediglich um eine Neubewertung von gegebenen Vorstellungen in den G-Feldern, während in diesen Unwahres gegen wahre Erkenntnis ausgetauscht werden.

Es ist zweifellos zeitaufwendig, den adamischen Egoismus zurückzunehmen

---

132 vgl. Schwarz (2007), S.163 f

133 vgl Joh. 3,3

134 vgl Epheser 4, 22-24

und entsprechend den beiden Liebesgeboten die Bedeutung Gottes über alles, sowie die des Nächsten der eigenen Person gleichzustellen. Man denke nur an persönliche Voreingenommenheiten, wie unter Punkt 4.2.2. aufgezeigt.

Die Durchsetzung der beiden Liebesgebote bedeutet demnach die erforderlich grundlegende Veränderung der menschlichen Gesellschaft. Dafür sollte zunächst das grosse soziale Gesetz (vgl. Punkt 2.4.) die geistige 'Gesamtschnittmenge' der menschlichen Gesellschaft werden.

Das wird global das formale Zusammenleben ohne erhebliche zwischenmenschliche Störungen sichern. Wenn es dann gelingt, die beiden grossen Gebote der Liebe auszuleben, sind es auch die Kinder, in denen das Potenzial für den Neubeginn liegt. Weil im Kind die zwischenmenschlichen Voreingenommenheiten nicht vorhanden sind (vgl. Punkt 4.2.3.). Das Kind ist voll 'Empfangsstation', und was ihm das Umfeld, die Eltern, der engste Familien- und Freundeskreis an Erwachsenen, einflössen, nimmt es zunächst als Gut oder Schlecht an, wie es ihm dargestellt wird. So wird es zunächst fürs Leben geprägt. Und nur schwer vermag sich der Heranreifende davon zu lösen. Er geht dann in 'Opposition' und gärt günstigenfalls das aus, was er auf Grund seiner persönlichen Erfahrungen überwinden möchte.

Jesus Christus dazu: "...Wenn ihr nicht umkehrt und wie kleine Kinder werdet, so werdet ihr auf keinen Fall in das Königreich der Himmel eingehen".[135] Wie es wohl jedem als Kind erging, so sind es immer wieder die Erwachsenen, die Kinder in falsche Richtung programmieren (vgl. Punkt 4.2.2.). Dabei ist der Neubeginn über die beiden grossen Liebesgebote so einfach. Wenn Kinder vorurteilsfrei erzogen werden, was ja den Grundsätzen Gottes entspricht, dann ist die Wiederherstellung - begleitet von Jesus Christus - gewährleistet.

Institutionen wie Polizei, Gerichte und JVA's können dann aufgelöst werden. Die Menschheit vermag auf weltliche Gesetze zu verzichten und es kommt zu globalen Frieden und Harmonie. Nationale Grenzen entfallen und der von Jehova für die Menschheit auf Erden ursprünglich geplante Zustand beginnt (vgl. Offg. 21, 3 - 4). Die Wiederherstellung durch die zwei grossen Liebesgebote löst die sozialen Probleme der Menschheit und bringt den Menschen wieder in vollen Einklang mit Gott und den Nächsten.

---

135 vgl. Matt. 18,3

4.4. Fazit

Einige Vordenker sprechen heute von Mauern in den Köpfen, die wegen der Globalisierung zu durchbrechen sind. Globalisierung bedeutet nicht, es sollen Grosskonzerne ihre wirtschaftlichen Interessen auf die Weltbevölkerung ausdehnen. Es bedeutet auch nicht, ein oder wenige mächtige Staaten sollen die Weltbevölkerung politisch für sich gewinnen. Globalisierung im hier verstandenen Sinn bedeutet, weltweit die Grundanliegen der Menschen zu befriedigen. Diese wurden in vorliegender Arbeit klar dargestellt. Dabei kann es nicht um eine Neuauflage von Marxismus, Kapitalismus oder Sozialismus gehen. Die Güter- und Kapitalverteilung zur Beseitigung sozialer Spannungen ist bekanntlich gescheitert und hat durch beidseitige Konzentrationen zusätzlichen Unfrieden in die Welt gebracht, weil sie nur peripher die zwischenmenschlichen Probleme anspricht. Jahrtausendelang waren den meisten Reichen die Armen uninteressant. Der Kult des 'Ich' beherrscht eben bislang die Welt. Die jüngste Eskapade in der Finanz- und Weltwirtschaft und anschliessender Staatsverschuldungen zeigt das wieder auf. Eine gute Seite hat dieser Crash: so schwer es den Staaten fällt, sie müssen über ihre Grenzen getretene 'Riesen' auf ihren Gebieten mit staatlichen Mitteln - also mit Hilfe der Steuerzahler - vor dem sofortigen und gesamten Untergang bewahren. Das heisst, die Staaten haben es derzeit ebenso in der Hand, eine neue Denkkultur umzusetzen, die eine echte Globalisierung ermöglicht. Dabei geht es sicher nicht um Geld und Vermögen. Solche Dinge sind wichtig für den Lebensunterhalt und sind an Stelle menschheitsverachtender Rüstung solide zu finanzieren, jedoch nicht entscheidend für eine übereinstimmende Weltbevölkerung.

Es bedarf schlichtweg eines neuen Menschenbildes, um das zu realisieren. Ein Menschenbild, das Platz bietet für ein völlig neues Verhältnis der Menschen untereinander und zu Gott. Der Ansatz dafür ist vorliegend aufgezeigt und bedarf seiner praktischen Durchsetzung, um die zunehmende Halt- und Gesetzlosigkeit der Menschen weltweit zu überwinden, um letztlich die Selbstzerstörung der Menschheit zu verhindern. So sind die Grundsteine einiger Weltkulturen in der Geschichte der Menschheit einer kurzen Analyse unterzogen. Ferner ist aufgezeigt, um welche Art von 'Mauern' es sich in den Köpfen handelt und wie diese einzureissen sind. Da es sich hierbei um tatsächliche 'Mächte' handelt, ist ein einheitliches Wertgefüge zwischen den Menschen aufgezeigt, um die sich inzwischen zersetzende Gesellschaft wieder in die rechten Wege zu leiten, Kriege zu stoppen und die Menschheit unter Beibehaltung richtig verstandener 'Freiheit in Ordnung' zu bringen.

Zweifellos bedeutet das die Abkehr von liebgewordenen Verhaltensweisen ebenso, wie von dominierenden Vorstellungen. Den globalen Erfordernissen dürfen dabei Landes- und Gruppeninteressen nicht entgegenstehen. Das ist möglich. Und die Geschichte von Ninive - der frühen assyrischen Weltkultur - zeigt das auf. Was war damals geschehen ? Die Hauptstadt der assyrischen Weltmacht war ob ihrer Grausamkeit gefürchtet. Jona sollte ihr deshalb den Untergang verkünden. Jona flieht vor diesem Auftrag, wird aber gegen seinen Willen an die Küste Assyriens gespült und verkündet schliesslich den Untergang Ninives. Und der damalige König und seine Machthaber gebieten sich und der gesamten Bevölkerung umzukehren und in 'Sack und Asche' zu bereuen. Ninive wird daraufhin verschont.[136]

Für die Zukunft ist dann der Ansatz für Achtung und Liebe unter den Menschen gegeben, was zugleich zur Lösung aller sozialen und zwischenmenschlichen Probleme führt. Dadurch werden die zwei Grundübel überwunden: der Egoismus und das negative Denken, anderen zum Schaden. Der Mensch wird wie ursprünglich mit Gott und den Nächsten in Übereinstimmung leben. Wahrer Friede und Harmonie kehren dann ein, auf dass Gott schliesslich allen alles sei.[137]

---

136 vgl. Jona, 1,1 - 17 und 2,10 - 3,10

137 vgl. 1.Kor. 15,28

Literaturverzeichnis

Bieri, Peter — Das Handwerk der Freiheit, C. Hanser Verlag, München-Wien, 2001

Brinkbäumer, Klaus; Huber, Marc; Müller, Peter; Schmitz, G.P.; Schulz, Thomas — Good Night America, Der Spiegel Nr.44 / 30.10.10

Buddenbrock, Wolfgang von — Vergleichende Physiologie, Bd. I, Sinnesphysiologie, Bd. II, Nervenphysiologie, Vlg. Birkhäuser, Basel, 1952

Deussen, Paul — Allgemeine Geschichte der Philosophie mit besonderer Berücksichtigung der Religionen, Leipzig, 1906

Durant, John R — Beginning to Have Doubts, The Guardian, London, 4.12.1980, S.15

Durant, Will — Geschichte der Zivilisation, Erster Band: Das Vermächtnis des Ostens, Deutsche Ausgabe, Bern, o.J.

Einsichten über die Heilige Schrift — Watch Tower Bible and Tract Society of Pennsylvania, Bd.I, 1990, Bd.II, 1992

Einstein, Albert — Grundzüge der Relativitätstheorie, 1. Auflg. zugleich 3. erw. Auflg., Verlag Fr. Vieweg & Sohn, Braunschweig, 1956

Häkansson, Krister — Liebe verringert Demenzrisiko, dpa, Donau Kurier, 10.7.09, S.1

Joas, Hans (Hg.) — Lehrbuch der Soziologie, 2. durchges. Auflage, Campus-Verlag, Frankfurt / New York, 2003

Kafka, Gustav — Über Uraffekte, in: Acta psychologica, European Journal of Psychology, Amsterdam, 1950/7

Kraft, Hannelore; Brandt, Andrea; Hammerstein, Konstantin — Ich bin da knallhart, Der Spiegel, Nr. 6 / 7.2.11, S.24

Lao Tse — Tao-Te-King, Verlag Reklam, Stuttgart, 1964

Lersch, Philipp — Aufbau der Person, 7. Auflg., Verlag J.A. Barth, München, 1956

Luckmann, Thomas — Die unsichtbare Religion, Suhrkamp Vlg., Frankfurt/Main, 1991

Mechsner, Franz — Wie frei ist unser Wille, GEO 01 Januar 2003

Moreno, Juan — Ich lösche mein Postfach für dich, in: Die Paarungsfalle, Der Spiegel, Nr.45 / 8.11.2010

Neue Welt- Übersetzung der Heiligen Schrift — Hg. Watchtower Bible and Tract Society of New York, INC., and International Bible Students Association, 1985

Nitzsch, Rüdiger — Entscheidungslehre - Der Weg zur besseren Entscheidung, 3. Auflg., Vlg. der Augustiner - Buchhandlung, Aachen, 1996

Osgood ,C.E. und Luria, Z. — A Blind Analysis of a case of Multiple Personality Using the Semantic Differential, in: The Journal of Abnormal and Social Psychology, Hrsg. The American Psycho-logical Association, Washington, 49. Jg., 1954

Schreiber, Matthias — Die zehn Gebote, Deutsche Verlags Anstalt, Hamburg, 2010

Schwarz, Heinrich — Das psychische raumzeitliche Kontinuum, DUV, 2000

Schwarz, Heinrich — Die menschliche Entscheidung unter besonderer Berücksichtigung der Verbraucherentscheidung, DUV, 2004

Schwarz, Heinrich — Der Mensch in der Gesellschaft, DUV, 2007

Selye, Hans — The stress of life, Verlag Mc Graw - Hill, New York, 1976

Skinner, B.F. — The Behavior of Organisms, erneuerte Auflage, Appleton – Century - Crofts, New York, 1966

Stagner, Ross — Psychology of Personality, 4. Auflg., Mc Graw-Hill, New York, 1974

Störig, H. J. — Kleine Weltgeschichte der Philosophie, 2. Auflg., Vlg. W. Kohlhammer, Stuttgart, 1952

Springer VS

The manufacturer's authorised representative in the EU is Springer Nature Customer Service Centre GmbH, Europaplatz 3, 69115 Heidelberg, Germany. If you have any concerns regarding our products, please contact ProductSafety@springernature.com

Printed and bound by CPI Group (UK) Ltd, Croydon, CR0 4YY
27/04/2026
02097632-0003